RÜDIGER NEHBERG
mit
ANNETTE WEBER

SURVIVAL ABENTEUER

Handbuch für die ganze Familie

arsEdition

Danksagung

Für die geduldige und begeisterte Mitwirkung bedanken wir uns bei:
Zoe, Lea, Luca und Kerstin Nörnberg
Jonathan und Harald Benz
Kristina, Jan-Erik, Anja und Michael Pape mit Hündin Kara
Nicole, Nils, Sabine und Rainer Röhrs
Jacqueline, Dominik, Marion und Erik Pohland
Fynn und Burkhard Bühre

© 2012 arsEdition GmbH, München
Alle Rechte vorbehalten
Text: Rüdiger Nehberg, Annette Weber
Fotos: Rüdiger Nehberg, Annette Weber
Fährten-Zeichnung: oezicomix
Fotos Teich: re-natur.de

ISBN 978-3-7607-8758-9

www.arsedition.de

Inhaltsverzeichnis

Vorwort für Eltern und Kinder   7
Achtung!   10

Erster Teil: Aller Anfang ist schwer

Ausrüstungsliste   11
Der Rucksack   14
Der kleine Überlebensgürtel   15
Das Lager   19
Feuer   23
Das Ehrenwort   27
Abenderlebnisse   29
Wasser   31
Toilette   35
Eine Lampe   36
Steinmesser und Steinbeil   37
Der Grabstock   39
Messer schärfen   42
Nadel und Faden   44
Brot   45
Topf und Tee   47
Pudding zum Nachtisch   50
Kartoffelpuffer   51

Zweiter Teil: Abenteuer

Freundschaft *55*
Nahrungssuche *58*
Angeln und Räuchern *64*
Melken *67*
Auf dem Seil über den Bach *69*
Verflixte Knoten *71*
Das Boot aus Gras *74*
Ohne Floß nix los! *78*
Hängematte – das schnelle Bett *81*
Abseilen *83*
Notunterkunft *86*
Isolationsanzug gegen Kälte *90*
Spuren lesen *90*
Iglu *92*
Teich *96*
Schwitzhütte *99*
In der Schwimmhalle *102*
Baderegeln *103*
»Seepferdchen« und »Freischwimmer« *106*
Selbstrettung im Wasser *107*
Selbstrettung aus dem Eisloch *110*
Der kleine Kunstschwimmer *112*
Ein schöner Wintertag *114*

Dritter Teil: Gefahren

Verirrt und Angst *117*
Durst *123*
Hunger *125*
Ertrinken *127*
Verletzt *129*
Medikamente aus der Natur *133*
Kälte und Eisbaden *135*
Hitze *138*
Gewitter *138*
Überschwemmungen *141*
Waldbrand *142*
Lawinen *143*
Fliegen und Mücken *144*
Zecken *146*
Bienen, Wespen, Hornissen *147*
Hunde *148*
Tollwut *150*
Schlangen *150*
Wieder daheim *156*

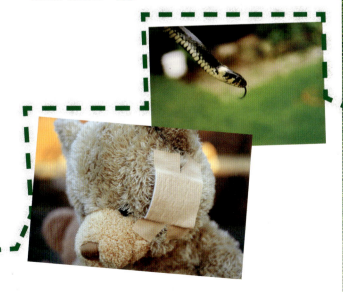

Vorwort

Liebe Eltern, liebe Kinder!
Kaum können sie laufen, interessieren sich Kinder für die Natur, für Tiere, für Abenteuer. An genau diese Neugierigen wendet sich dieses Buch. An Kinder bis ca. zehn Jahren und an Eltern, die sich ein Stück Entdeckerlust und Sportsgeist erhalten haben.

Es soll Eltern die unwiederbringliche Gelegenheit aufzeigen, sich diese Welt mit den Kindern gemeinsam zu erschließen, das Zusammengehörigkeitsgefühl zu stärken, Bande fürs Leben zu festigen und dabei selbst nicht zu kurz zu kommen. Weil das »Survival-Handbuch« für Eltern genauso spannend ist wie für ihre Kinder. Egal, ob für nur einen Nachmittag, ein Wochenende, einen ganzen Urlaub oder einen unvergesslichen Kindergeburtstag. Egal auch, ob mit ungeübten Eltern, ob Junge oder Mädchen, ob stark oder schwach. Denn hier geht es nicht darum, der Erste, der Größte, der Stärkste zu sein, sondern das Beste aus den Fähigkeiten zu machen, die jeder besitzt, und im Team gemeinsam Aufregendes zu erleben und über sich hinauszuwachsen.

Klar, dass man bei jedem Training die besonderen Sicherheitshinweise beachten muss! Macht alles sehr wachsam. Es ist nicht wichtig, die Übungen schnell zu erledigen, sondern sicher. Dennoch wird immer ein Restrisiko bleiben, wie beim Überqueren einer Straße. Es ist der Reiz des kontrollierten Restrisikos, das aus dem Familienausflug ein kleines erstes Abenteuer zaubert.

Dieses Buch ist ein Leitfaden für den Einstieg in die enge Freundschaft der Familie mit der Natur und dem Abenteuer. Es soll vertraut machen mit den Geschenken und Gefahren der Natur. Es soll helfen, Urängste durch Erfahrungen zu relativieren und das Selbstbewusstsein zu stärken. Es soll Spannung, Freude und Glück vermitteln.

Liebe Kinder!
Dieses Buch enthält viele Vorschläge für Abenteuer, die ihr selbst erleben sollt. Nicht allein, sondern zusammen mit euren Eltern. Denn Abenteuer kann man lernen. Man muss nur überlegen, welche Gefahren mit dem geplanten Erlebnis verbunden sind. Dann beratet ihr, zusammen mit den Eltern, wie man diese Gefahren austricksen kann. Es gibt einen schlauen Spruch. Er lautet »Gefahr erkannt, Gefahr gebannt«.

Zum Beispiel wirst du als Nichtschwimmer nicht in tiefes Wasser springen. Sonst ertrinkst du. Stattdessen wirst du erst einmal Schwimmen lernen. Dort wo das Wasser flach ist. Und du benutzt eine Schwimmhilfe.

Für manche der Übungen in diesem Buch braucht man nur *wenig* Zeit. Für andere mehr. Lest zunächst einmal alles gut durch. Dann wisst ihr, was auf euch zukommt. Was reizt euch davon am meisten? Wie viel Zeit habt ihr für das erste gemeinsame Familienabenteuer? Einen Nachmittag? Einen Tag? Vielleicht sogar eine Nacht? Oder einen ganzen Urlaub? Ist es Sommer oder Winter? Scheint die Sonne oder ist es kalt?

Von solchen Fragen hängt es ab, *welche* der Übungen ihr erproben werdet. Die Entscheidung hängt auch davon ab, was ihr an Ausrüstung besitzt. An Garderobe und Werkzeug. Vieles werdet ihr oder werden eure Eltern schon haben. Zum Beispiel eine Jeans, einen Poncho, Turnschuhe. Oder einen Spaten und Arbeitshandschuhe.

Aber manches müsst ihr noch besorgen. Zum Beispiel einen Karabinerhaken. Wünscht euch das Fehlende zum Geburtstag oder zu Weihnachten. Oder bastelt euch Bastelbares selbst. Zum Beispiel den Überlebensgürtel.

In diesem Buch mache ich euch viele Abenteuer-Vorschläge. Es beginnt mit einer langen Ausrüstungsliste. Kriegt aber keinen Schreck. Denn für jede Übung braucht ihr nur *einige* dieser Gegenstände. Und bestimmt entwickelt ihr noch andere Ausrüstungs-Ideen. Die schreibt ihr dann einfach in die leeren Spalten. Ein Mädchen möchte vielleicht seine Puppe mitnehmen, ein Junge seinen Ball. Vielleicht trägst du eine Brille, die du nicht vergessen darfst. Jeder hat da seine speziellen Bedürfnisse.

Ihr werdet euch wundern, wie spannend, lehrreich und schön das Leben in der Natur sein kann. Und wie aufregend es ist, schlauer zu sein als die Gefahren.

Nehmt ein Tagebuch mit, schreibt auf, was ihr spannend und langweilig findet, was schön und schlecht. Illustriert das Buch mit Fotos – und schon habt ihr euer erstes eigenes Buch!

All diese neuen Erfahrungen wünschen wir euch von ganzem Herzen.
Und nun: Auf zum Abenteuer!
Rüdiger mit Annette   www.nehberg.de

Achtung!

Ich habe mich bemüht zu erklären, wie man mögliche Gefahren vermeiden kann. Denn Unfall ist nie Zufall. Fast alles lässt sich mit Umsicht austricksen. Trotzdem ist niemals auszuschließen, dass doch etwas passiert. Selbst beim Überqueren einer Straße bei Grün kann es zu einem Unglück kommen.

Der Mensch und die Natur sind unberechenbar. Um sie kennenzulernen und zu meistern, müssen wir uns ihnen stellen. Wegen möglicher Risiken lieber zu Hause zu bleiben, wäre die schlechteste Lösung. Freude am Experiment und Bereitschaft zum Risiko sind die Würzen des Lebens. Kinder lieben das, und Eltern müssen ihnen dabei zur Seite stehen.

Bei allen Übungen ist deshalb und vor allem auch die Erfahrung der Eltern gefordert. Sie müssen letzten Endes die Fähigkeiten ihrer Kinder, die Herausforderung des Erlebnisses und die Gegebenheiten der Natur gegeneinander abwägen und die letzte Entscheidung treffen.

Erster Teil:
Aller Anfang ist schwer

Ausrüstungsliste
Das Abenteuer kann beginnen.
Ihr setzt euch zusammen, und jeder sagt, was ihm zu der geplanten Reise einfällt. Zum Beispiel: Wie lange wird die Reise dauern? Wer kümmert sich um die Katze und die Goldfische, während wir fort sind? Wer leert täglich den Briefkasten?

Und: Was benötigen wir an Ausrüstung?

Das wird auf jeder Reise verschieden sein. Zwar braucht man immer eine gewisse Grundausrüstung. Aber ob man im Sommer oder Winter verreist, einen Tag oder einen Monat, das macht schon einen großen Unterschied.

Deshalb schreibt ihr alle Vorschläge genau auf. So entsteht die Ausrüstungsliste. Sie ist wichtig, damit in der Aufregung nicht irgendetwas Wichtiges vergessen wird.

Kriegt nun keinen Schreck! Die nachfolgende Ausrüstungsliste ist nur eine kleine Hilfe. Nie braucht ihr alles. Immer nur einiges. Und bestimmt fällt euch noch mehr ein. Das schreibt ihr in euer persönliches Abenteuer-Notizheft.

		Haben wir schon	Müssen wir kaufen	Können wir basteln	Können wir leihen	Brauchen wir für dieses Abenteuer	Eingepackt! Erledigt
1	Schuhe						
2	Sandalen						
3	Zehenhänger						
4	Gummistiefel						
5	Socken						
6	Jeans mit vielen Taschen						
7	Unterhose						
8	Unterhemd						
9	Hemd / T-Shirt						
10	Pullover						
11	Jacke						
12	Poncho						
13	Mütze						
14	Arbeitshandschuhe, Wärmhandschuhe						
15	2 Bauplanen / Zelt						
16	2 Töpfe						
17	Pfanne						
18	Teller, tief						
19	Tasse						
20	Löffel						
21	Gabel						
22	Reibe						
23	Spaten						
24	Harke						
25	Beil oder Axt						
26	Dickes Seil						
27	Handtuch						
28	Seife						
29	Zahnpflege						
30	Toilettenpapier						
31	Wasser im Kanister						
32	Mehl						
33	Salz						
34	Zucker, Honig						
35	Tee						
36	Müsli						

		Haben wir schon	Müssen wir kaufen	Können wir basteln	Können wir leihen	Brauchen wir für dieses Abenteuer	Eingepackt! Erledigt
37	Bindfaden						
38	Obst						
39	Kartoffeln						
40	Eier						
41	Bratenwender						
42	Konserven						
43	Fotoapparat						
44	Film						
45	Rucksack						
46	Überlebensgürtel						
47	Mülltüte						
48	Papiertücher						
49	Puddingpulver						
50	Schutzbrille						
51	Schlafsack						
52	Windel						
53	Isolationsmatte						
54	Plastikeimer						
55	Petroleum						
56	Rettungsweste						
57	Styropor						
58	Bretter						
59	2 x 4 Meter Reepschnur, 5 mm						
60	20 m Bergsteigerseil, 12 mm						
61	Wundpflaster						
62	Desinfektionsmittel						
63	Verbandsmull						
64	Sitzgurt						
65	Rettungsdecke (Aluminium)						
66	Trillerpfeife						
67	Taschenlampe						
68	Handy						
69	Tagebuch						
70	Fotoapparat						
71	Ausweise						

Wenn man alles kaufen muss, was man für ein Abenteuer benötigt, kann eine Reise recht teuer werden. Deshalb überlegen wir, ob man sich das eine oder andere Teil nicht viel billiger selbst herstellen kann. Das macht zum einen Spaß und erfüllt zum andern mit Bastlerstolz.

Der Rucksack

Man kann ihn kaufen. Man kann ihn selbst machen. Zum Beispiel aus einer alten Jeans (Abb. 1). Die Taschen müssen mit einer Klappe und Knopf, mit Reißverschluss oder Klettverschluss verschließbar sein. Über alles stülpst du deinen Poncho oder eine Plastik-Mülltüte, damit bei Regen nichts nass werden kann.

Lasst euch beim Ausrüstungskauf nie irritieren von toller Aufmachung oder klangvollen Markennamen. Das macht vieles oft nur unnötig teuer. Entscheidet euch für die Sachen, die ihr für zweckmäßig haltet. Zur Not tut es ein einfacher Sack, den man sich mit einem Seil über den Rücken hängt (Abb. 2).

> ### Welcher Rucksack?
> Im Fachhandel gibt es sehr viele verschiedene Rucksäcke. Große und kleine, eng anliegende und solche mit Gestell, teure und billige. Vor allem bunte und mit vielen Taschen.
> Am besten lasst ihr euch bei einem Outdoor-Ausrüster beraten. Denkt aber daran, dass der Verkäufer euch womöglich etwas **Teures** verkaufen möchte. Lasst euch von ihm nicht zuquatschen und überrumpeln. Hört euch, zusammen mit euren Eltern, seine Argumente an und entscheidet in aller Ruhe.
> Am allerruhigsten kann man sich zu Hause mithilfe eines Kataloges festlegen. Lasst euch von den verschiedenen Outdoor-Läden einen Katalog zuschicken. Oft sind es spannende Lehrbücher, die nichts kosten.

Der kleine Überlebensgürtel

Der kleine Überlebensgürtel (Abb. 3) ist das wichtigste Ausrüstungsteil für jeden Wanderer und Abenteurer. Er ist oft zuverlässiger als mancher Freund. Er enthält die Dinge, die man *immer* benötigt. Am besten ist es, ihn auf Reisen stets am Körper zu tragen oder ganz in der Nähe zu haben. Ihr müsst ihn euch selbst basteln. Jeder seinen persönlichen. Kaufen kann man ihn nicht, weil jeder Mensch seinen Überlebensgürtel anders bestücken wird. Er ändert sich von Reise zu Reise, von Abenteuer zu Abenteuer. Auch ich hatte nie zweimal denselben.

Ihr braucht dafür zunächst mal einen Gürtel. Daran hängt ihr ein Messer, eine Taschenlampe, einen Karabiner mit Arbeitshandschuhen und eine leere Gürteltasche. Sie muss verschließbar sein. Mit einem Reiß- oder Klettverschluss, damit nichts herausfallen kann.

Zuletzt hängt ihr eine Wasserflasche an euren Gürtel. Die Flasche sollte einen dicken Stoffbezug haben. Wenn der immer schön nass gehalten wird, bleibt das Wasser oder der Früchtetee kalt. Das Getränk wird vor allem dann richtig kalt, wenn ihr die nasse Flasche in den Wind hängt. Oder ihr kauft direkt eine Isolationsflasche. Dann entfällt die künstliche Kühlung. In ihr bleibt für viele Stunden alles so warm oder so kalt, wie man es einfüllt.

Merke: *Wasser* **und** *Wind kühlen!*
Deshalb versucht immer, eure Garderobe trocken zu halten.
Sonst werdet ihr ausgekühlt wie eure Wasserflasche.

Vom Schweizer Messer gibt es viele Varianten. Zum Beispiel mit Schere, Pinzette, Feile und Korkenzieher. Oder ihr bestückt eure Tasche mit der SwissCard. Sie ist nur wenig dicker als eine Checkkarte und enthält viele praktische Kleinutensilien. Zum Beispiel eine Schere, ein Mini-Messer, eine Pinzette, einen Zahnstocher, einen Kugelschreiber, eine Nagelfeile. Man erhält die SwissCard in Messerläden. Oder bei Globetrotter-Ausrüstern.

Auf die Innenklappe der Tasche schreibt mit wasserfestem Filzstift oder einem Kugelschreiber euren Namen und die Adresse. Denkt auch an die Telefonnummer, damit jeder Finder in einem Notfall die Eltern anrufen kann.

Dann füllt die Tasche mit denjenigen der folgenden Gegenstände, die euch persönlich wichtig sind. Die Dinge, die nicht nass werden dürfen, packt in eine oder zwei wasserdichte Schraubdosen aus Kunststoff. Zum Beispiel das Feuerzeug. Ihr bekommt solche Dosen in Haushaltswaren-Abteilungen der Kaufhäuser. Die anderen Ausrüstungsgegenstände packt lose in die Tasche.

Hier sind weitere Beispiele für den Inhalt des Überlebensgürtels:

Gürtel

Am Gürtel:
* Tasche. Eventuell mit Nebentaschen für die verschiedenen Ausrüstungsteile. Adresse mit Kugelschreiber innen einschreiben.
* Trinkflasche
* Messer
* Taschenlampe
* Handschuhe

Inhalt der Tasche:
* Feuerzeug
* Teelicht
* Handy in Gefrierbeutel, wasserdicht verpackt
* Bindfaden
* Blumendraht
* Sicherheitsnadel
* Stopfnadel und Zwirn
* Dosenöffner
* Papier, Kugelschreibermine oder Bleistift (schreibt in jeder Lage, auch über Kopf)
* Signalpfeife
* Geld
* Wasserdichte Dose
* Müsli
* Süßigkeiten

Erste Hilfe:
* Pflaster
* Mull
* Desinfektionsmittel
* Pinzette
* Schere

Oder statt mancher Kleinteile die praktische SwissCard mit:
* Kugelschreiber
* Pinzette
* Zahnstocher
* Nagelfeile
* Messer
* Schere

Ich selbst hatte auf langen Reisen auch noch das Foto eines lieben Menschen dabei und eine Mundharmonika. In einsamen Stunden gibt einem das viel Freude und Mut.

> **Denkaufgabe:**
> *Welche vier der eben aufgezählten Gegenstände sollten unter keinen Umständen nass werden?*

(Lösung auf Seite 158)

Das Lager

Die Vorbereitungen brauchen viel Zeit, sind aber notwendig, um das Abenteuer richtig planen zu können. Aber jetzt ist es so weit! Der Überlebensgürtel, der Rucksack, das Fahrrad oder das Auto sind gepackt. Es kann losgehen.

Fürs erste Mal wählt einen warmen Sommertag. Bei Regen macht alles halb so viel Spaß. Ungemütliche Tage sind etwas für Fortgeschrittene.

Ihr habt überlegt, wo ihr das erste Lager in der Natur aufschlagen werdet. Vielleicht wollt ihr zunächst einmal im eigenen Garten beginnen oder auf einem öffentlichen Campingplatz. Ideal ist alles, was am Wasser liegt. Am Bach, am Fluss, am See, am Meer. Der Nachteil der öffentlichen Campingplätze ist, dass sie voller Menschen sind. Ihr seid nicht allein und viele Abenteuer lassen sich da nicht üben und erleben.

Besser ist es, wenn ihr unter euch seid. Solche einsamen Plätze zu finden, ist etwas schwieriger. Alles gehört irgendjemandem. Ihr könnt nicht einfach irgendwo ein Zelt aufstellen und ein Feuer machen. Schon gar nicht mitten im Wald. Aber ihr könnt einen Bauern fragen, dessen Wiesen an einem Gewässer liegen. Der wird euch bestimmt erlauben, dort zu lagern. Wenn ihr euch mit den Eltern bei ihm vorstellt, erklärt, was ihr möchtet, ihm einen Ausweis zeigt und sogar einen kleinen Geldbetrag anbietet, wird kaum ein Bauer Nein sagen. Wahrscheinlich wird er das Geld gar nicht annehmen. Ihr müsst ihm natürlich versprechen, den Lagerplatz so zu verlassen, wie ihr ihn vorgefunden habt: picobello sauber. Und ihr müsst euer Versprechen halten. Für einen Abenteurer und Naturfreund ist das Ehrensache.

Dem netten Bauern habt ihr ein Geschenk mitgenommen, wenn er kein Geld möchte. Zum Beispiel eine Packung Pralinen oder einen Blumenstrauß. Oder ihr ladet ihn zum Grillen ans abendliche Feuer ein. Dann ist euch der Lagerplatz immer wieder sicher.

Der Lagerplatz muss so liegen, dass bei plötzlichem Regen nicht alles überschwemmt wird. Das heißt, etwas erhöht. Oder ihr müsst eine Abflussrinne ums Zelt graben.

Es ist nicht wichtig, ein *geschlossenes Zelt* zu haben. Eine Bauplane aus dem Baumarkt oder ein »Tarp« aus dem Outdoor-Laden genügt. Hauptsache, die Planen sind schön groß. Sie halten Regen und Wind ab und schützen den Menschen und sein Feuer. Viel mehr schafft ein Zelt auch nicht.

Wenn Bäume in der Nähe sind, hat das den Vorteil, dass man die Plane besser spannen kann. Das macht man immer als Allererstes, damit die Ausrüstung trocken bleibt, falls es doch unerwartet regnet.

Wie man die Plane spannen könnte, zeigen die Pappmodelle in Abbildung 4.

Gegen die nächtliche Kälte helfen der Schlafsack, die Garderobe, die Mütze und die Isolationsmatte. Ohne Isomatte wird man frieren, denn der kalte Boden klaut sich sehr viel Körperwärme. Er saugt sie gierig aus dem Körper.

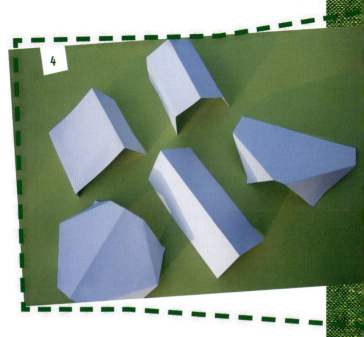

Wer keine Isomatte hat, muss einen Ersatz bauen. Das ist einfach, kostet nichts und ist genauso wirksam. Mit dem Spaten (oder Grabstock, Kapitel »Grabstock«) gräbt man dazu eine flache Grube. So tief und groß wie eine Matratze. Die Grube wird dick mit Laub oder Gras gefüllt. Zieht die Handschuhe an beim Grasabreißen! Sonst verletzt ihr euch. Oder füllt die Grube mit alten Tannennadeln, die am Boden liegen.

All das isoliert gegen den kalten Untergrund. Wichtig ist nur, dass eure Behelfs-Isomatte *hoch* genug mit dem Material gefüllt ist. Denkt daran, dass sich das Gras, die Tannennadeln oder das Laub dicht zusammenpressen, wenn ihr euch drauflegt! Gepresst muss es immer noch 10 Zentimeter dick sein. Ein Probeliegen zeigt schnell, ob genug Material rangeschafft wurde oder nachgerupft werden muss.

Die Ränder der Grube verhindern, dass das Gras beiseitegedrückt wird, wenn man sich im Schlaf hin und her wälzt.

Manchmal kann man keine Grube graben. Zum Beispiel auf Felsen. Dann legt man vier sehr dicke, gerade Äste wie einen Bettrahmen auf den Boden und füllt ihn mit Gras. Gegen das Wegrollen der Äste legt von außen schwere Steine dagegen oder schlagt einen Pflock in den Boden (Abb. 5).

Für den Bau eines Lagers braucht man viel Zeit und Tageslicht. Deshalb beginnt man damit immer rechtzeitig, solange es noch hell ist.

Es muss auch noch genügend Zeit bleiben, um ausreichend viel Brennholz für das Lagerfeuer zu suchen. Und das entzündet ihr so vorm Eingang, dass es den Innenraum eures Unterschlupfes erhellt und erwärmt, ohne die Plane zu verbrennen, und ihr andererseits noch bequem rein und raus könnt.

> **Merke:** Wenn ihr ein Lager verlasst, darf man nicht sehen, dass ihr dort gewesen seid. So sauber muss alles hinterlassen werden. Deshalb gehört zu jedem Lager immer eine Mülltüte!

> **Übung**: Übt die vielseitigen Möglichkeiten, eine Plane als Zelt zu verwenden, mit kleinen Stücken stabilen Papiers (Abb. 4).

Feuer

Feuer ist etwas Wunderschönes, aber auch sehr Gefährliches. Deshalb dürft ihr es nur machen, wenn die Eltern dabei sind. Sie kennen sich mit den Gefahren aus. Wenn ihr Kinder nämlich etwas falsch macht, kann euer Haus oder der ganze Wald abbrennen. Das geht blitzschnell.

Umgang mit Feuer

Liebe Eltern! Erinnert euch an die eigene Jugend. Feuer zieht Kinder magisch an. Verbote verlocken sie nur zu Heimlichkeiten. Stattdessen macht das Feuer ganz offiziell zu einem Familienthema. Lehrt sie, ein Feuerzeug zu bedienen. Zeigt ihnen, wie man ein Streichholz entzündet, ohne dass es abbricht, dass man es waagerecht halten muss und nicht senkrecht. Es sei, man möchte sich verbrennen. Zündet zusammen eine Kerze an, ein Teelicht. Führt die Hand des Kindes ganz langsam in die Nähe des Kerzenlichtes, um sie die Hitze und die damit verbundene Gefahr spüren zu lassen. Zeigt ihnen draußen am Lagerfeuer, wie schnell und lichterloh manches Material brennen kann und wie gefährlich es deshalb ist, im Haus mit Feuer zu hantieren. Schließt im Haus grundsätzlich alle Feuerzeuge und Streichhölzer weg. Lasst euch versprechen, dass sie wegen der Gefahr nie allein eine Kerze entzünden.

Man macht nie ein Feuer, wenn die Umgebung sehr trocken ist. Trockenes Gras, trockener Wald, verstärkt durch Wind, lassen ein Feuer regelrecht explodieren. Verzichtet unter solchen Umständen auf ein Feuer.

Grundsätzlich macht man ein Feuer klein, in einer flachen Grube oder innerhalb eines kleinen Steinwalls. Verzichtet auf verlockende große Feuer.

Um ganz sicherzugehen, keinen Schaden anzurichten, stellt zusätzlich einen Eimer Wasser in die Nähe!

Nach den Vorbereitungen sammelt ihr Holz. Die Äste mit den grünen Blättern sind ungeeignet. Sie sind elastisch und feucht. Sie leben noch und brennen nicht.

Das beste Brennholz hängt am Baum. Nehmt also die laublosen Äste, die vom Stamm in die Luft ragen. Sie sind vom Wind getrocknet. Sie sind tot, brechen leicht ab und brennen gut.

Alles, was direkt am Boden liegt, ist nicht zu empfehlen. Das brennt erst, wenn viel Glut vorhanden ist.

Das Holz sortiert ihr nach drei Sorten. Der erste Haufen ist ungefähr so groß wie ein Fußball. Das sind die ganz feinen Ästchen. Dünn wie Streichhölzer.

Der zweite Haufen ist so groß, dass ihr ihn schon gar nicht mehr umfassen könnt. Das sind die mittelfeinen Äste. Bleistift- bis Besenstielstärke.

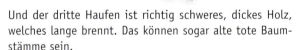

Und der dritte Haufen ist richtig schweres, dickes Holz, welches lange brennt. Das können sogar alte tote Baumstämme sein.

Jetzt bereitet ihr das Feuer vor. Die ganz feinen Äste – von der Menge eines Fußballs – schichtet ihr kreuz und quer übereinander. Bis sie wie ein halbierter größerer Fußball vor euch liegen.

Nun müsst ihr herausfinden, von wo der Wind kommt. Wenn man es nicht fühlen kann, macht das Feuerzeug an. Dann verrät euch die Flamme die Windrichtung. An der Seite des Holzhäufchens, von wo der Wind kommt, macht ihr mit den Fingern vorsichtig einen »Höhleneingang« unter die Äste. Ungefähr bis in die Mitte des Häufchens. Dorthinein steckt ihr eine Handvoll zusammengeknülltes Papier. Wer kein Papier hat, muss sich feine Holzspäne aus trockenem Holz machen (Abb. 6). Das entzündet ihr mit dem Feuerzeug. Aber Vorsicht! Verbrennt euch nicht dabei! Wenn ihr alles richtig gemacht habt, greift die Flamme schnell um sich.

> **Achtung!** *Vermeidet unbedingt große lodernde Feuer. Sie geraten schnell außer Kontrolle!*

Solange die Flamme noch nicht um sich gegriffen hat, müsst ihr sie mit den Händen beschützen. Nicht, dass der Wind sie ausbläst! Ein Feuer anzubekommen, ist die große Kunst. Anfangs hilft auch vorsichtiges oder kräftiges Blasen. Das jeweils Richtige werdet ihr schnell herausfinden. Nachher, wenn es richtig brennt, kann selbst der Dümmste es in Gang halten. Dann brennt sogar feuchtes Holz.

Jetzt, wenn das Feuer brennt, muss immer ein Wachposten dabeibleiben. Er achtet darauf, dass keine Funken in die trockene Umgebung fliegen. Er hat einen dicken Stock zur Hand, um das brennende Holz zusammenzuschieben. Er hat immer Wasser griffbereit, um das Feuer schnell löschen zu können. Wenn der Wind stärker weht, baut er einen Steinwall zwischen den Wind und das Feuer. Solch ein Wachposten hat eine große Verantwortung. Der Job ist nur für Leute, die hundertprozentig zuverlässig sind.

Wenn das Feuer brennt, könnt ihr euch eine Belohnung gönnen! Legt für jeden eine Kartoffel ins Feuer und lasst sie in der Glut gar werden.

Nun, bei knisterndem Feuer und in der Geborgenheit des Lagers, könnt ihr beginnen, die vielen kleinen Übungen auszuprobieren, die in den nächsten Kapiteln beschrieben werden.

Vorher aber solltet ihr euch etwas ganz Wichtiges versprechen. Das steht im nächsten Kapitel.

> **Das Allerwichtigste bei jedem Feuer ist:**
> * es muss immer bewacht werden
> * es muss Wasser bereitstehen, um es jederzeit löschen zu können
> * es muss beim Verlassen des Lagers völlig ausgelöscht werden – mit Wasser oder mit Sand

Das Ehrenwort

Ihr habt nun erfahren, wie heiß ein Feuer sein kann und wie schnell alles brennt, wenn die kleine Flamme erst einmal größer geworden ist. Dann verschlingt sie alles. Ein Windstoß, ein Funke. Er wirbelt durch die Luft, schwebt irgendwo nieder und beginnt ein neues Feuer. Feuer ist etwas sehr Gefährliches.

Gegen die Kraft des Feuers und seine Unberechenbarkeit ist man als Mensch sehr schnell machtlos. Ehe man sich's versieht, brennt der ganze Wald lichterloh. Oder das Haus. In den Fernsehnachrichten habt ihr bestimmt schon solche

Bilder von brennenden Wäldern gesehen. Entstanden sind alle diese Feuer zunächst durch einen einzigen Funken.

Einerseits ist da also die große Gefahr und andererseits steckt in jedem Menschen die Neugier. Feuer ist etwas so Verlockendes wie ein munterer Gebirgsbach. Feuer und Wasser faszinieren und begeistern den Menschen.

Über diese Gefahren müsst ihr Kinder euch im Klaren sein, und ihr solltet heute, am ersten Abend im kuscheligen Lager, euren Eltern etwas versprechen. Ihr sagt:

»Ich verspreche euch, niemals ein Feuerzeug, ein Streichholz, eine Kerze zu entzünden, wenn ihr, meine Eltern, nicht dabei seid! Weder in der Natur noch im Haus. Niemals und nirgends. Ihr habt mein Ehrenwort.«

Dabei schaut ihr ihnen fest in die Augen und ihr besiegelt das Ehrenwort mit kräftigem Händedruck.

Dazu müsst ihr wissen, dass man ein Ehrenwort unter allen Umständen einhalten muss. Selbst dann, wenn euch niemand nachweisen könnte, dass ihr heimlich *doch* eine Kerze angezündet habt, dürft ihr es niemals tun. Eure Eltern müssen sich felsenfest darauf verlassen können. So wie ihr euch auf eure Eltern verlassen möchtet.

Nur wer selbst zuverlässig ist, wird auch zuverlässige Freunde haben. Und wer wünscht sich die nicht? Aber jemand, der sein Ehrenwort bricht, der hat keine Ehre, dem wird man nicht vertrauen und der wird auch keine wirklichen Freunde im Leben finden. Und dabei sind ein wirklicher Freund, eine wirkliche Freundin etwas ganz besonders Wertvolles. Ohne solche Menschen wird das Leben viel, viel schwieriger.

Es gibt ein Sprichwort:

> »Wer einmal lügt, dem glaubt man nicht. Und wenn er auch die Wahrheit spricht.«

Bestimmt kennt jeder Beispiele von Leuten, die ein Ehrenwort gebrochen haben. Erzählt euch diese Geschichten und was ihr dabei empfunden habt.

Man muss aber nicht nur ein Ehrenwort einhalten, sondern auch jedes andere Versprechen. Stellt euch vor, ihr wolltet euch ein wenig im angrenzenden Wald umschauen. Ihr habt euren Eltern versprochen, um Punkt 19 Uhr zurück zu sein. Jetzt habt ihr euch aber verlaufen. Es wird dunkel und kalt, ihr habt Angst und eure Eltern warten vergebens auf eure Rückkehr.

Wenn sie wissen, dass ihr zuverlässig seid, werden sie sofort mit der Suche beginnen und euch finden, solange es noch hell ist.

Wenn sie euch aber als unzuverlässig kennen, werden sie vielleicht zu spät mit der Suche beginnen. Und nachts in der Dunkelheit sind die Chancen, euch zu finden, viel geringer. Dann seid ihr in großer Gefahr.

Abenderlebnisse

Es ist Abend. Draußen ist es dunkel geworden und still. Nur das Feuer flackert und knistert. Jetzt wollt ihr etwas Besonderes erleben? Dann geht mal ein paar Hundert Meter weg vom Lager und versteckt euch eine Stunde lang mucksmäuschenstill hinter einem Baum am Waldesrand oder an einem Bach. Aber geht nie allein. Immer zu zweit. Und immer müssen die anderen im Lager wissen, wohin ihr geht und wann ihr zurückkehrt.

Sprecht kein Wort. Tiere hören mehrfach so gut wie der Mensch. Deshalb ist es empfehlenswert, sich schon am Nachmittag ein gut getarntes Versteck zu bauen.

Und in diesem Versteck sitzt ihr nun. Schaut in die Richtung, aus der ihr den Wind spürt. Tiere, die von dort kommen, können euch nicht riechen. Tiere, die hinter euch durch den Wald ziehen, die den Wind riechen, der bereits an euch vorbeigestreift ist, werden euch sofort wahrnehmen und fliehen. Tiere haben einen enorm gut ausgeprägten Geruchssinn und sind sehr vorsichtig. Sie wissen aus Erfahrung, dass der Mensch oft ihr Feind ist.

Deshalb schaut vor allem in Richtung des *ankommenden* Windes. Und alle paar Minuten lasst ihr den Lichtstrahl eurer Taschenlampe lautlos und ganz langsam durch die Landschaft streifen. Mit etwas Glück seht ihr plötzlich zwei Augen, hell wie kleine Lampen. Die meisten Augen der nachtaktiven Tiere reflektieren das Licht eurer Lampe. Vielleicht ist es ein Reh, vielleicht ein Fuchs, vielleicht ein Marder, ein Igel, eine wildernde Katze. Oder es ist nur ein kleines Mäuschen, das ihr seht. Tiere, die sich tagsüber gern verstecken.

Es kann hilfreich sein, wenn man Futter zum Anlocken der Tiere auslegt. Etwas gemischtes Gemüse, ein paar Hähnchenknochen, Fischgräten, ein Stück Käse.

Vielleicht hört ihr interessante Geräusche. Horcht genau in die Dunkelheit hinein. Versucht, sie zu erraten.

Falls ihr angeln wollt (siehe Kapitel *Angeln*), könnt ihr in der Nacht Tauwürmer fangen. Das sind besonders dicke und lange Würmer, die tiefer im Boden leben als die Regenwürmer, die ihr kennt. Sie leben dort, wo der Boden feucht ist. Zum Beispiel auf Wiesen am Wasser. Nachts kommen sie aus ihren Gängen an die Oberfläche.

Um sie zu fangen, braucht ihr eine Taschenlampe und ihr müsst ganz leise auftreten. Setzt lautlos einen Fuß vor den anderen und leuchtet den Boden ab. Ihr dürft aber nicht das volle Licht nehmen. Dann ziehen sich die Würmer sofort in ihre Gänge zurück. Spannt ein rotes Papier vor die Lampe. Oder haltet die Hand davor und lasst nur ganz wenig Licht auf den Boden fallen.

Dort, wo die Würmer knapp sind, steckt bei Tageslicht

den Spaten in den Boden und rappelt den Stiel zwischen zwei Fingern schnell hin und her. Dieses Geräusch überträgt sich in den Boden. Die Würmer geraten aus irgendwelchen Gründen in Panik und kommen nach ein paar Augenblicken wild kringelnd aus ihren Verstecken an die Oberfläche. Vielleicht denken sie, dass ein Maulwurf angekrabbelt kommt und sie verspeisen will.

Irgendwann kehrt ihr zurück ins Lager. Aber ihr könnt noch nicht schlafen. Was ihr eben gesehen habt, war so aufregend. Erzählt es den anderen. Denen, die heute aufs Feuer aufgepasst haben. Und wenn ihr nichts gesehen habt, dann berichtet von anderen Geschichten. Spannenden, lustigen, gruseligen.

Lasst die Eltern anfangen. Sie leben schon länger und haben deshalb viel mehr zu berichten. Dann seid ihr dran. Bestimmt hat jeder etwas zu erzählen. Etwas Lustiges aus dem Kindergarten oder der Schule. Etwas, das euch Angst gemacht hat, etwas, das euch erfreut oder geärgert hat. Oder einfach einen tollen Witz.

Wasser

Wasser ist immer wichtiger als Essen. Ohne Nahrung kann man drei Wochen leben. Ohne Wasser nur drei Tage. Kinder meist viel weniger.

Je heißer es ist, je mehr man sich anstrengt, je aufgeregter man ist und je mehr man schreit, desto mehr Wasser benötigt man. Wer nackt in glühender Sonne durch eine heiße Wüste läuft, ist sogar schon nach wenigen Stunden tot. Vertrocknet. Deshalb ist das wichtigste Lebensmittel, das man auf seine Reisen mitnimmt, das Wasser.

Nun kann es sehr schnell passieren, dass es verbraucht und kein Laden in der Nähe ist. Dann muss man nicht verzweifeln, sondern sich neues beschaffen.

Vor allem muss man sich bemühen, das Wasser, das sich bereits im Körper befindet, nicht unnötig zu vergeuden. Es ist immer der wertvollste Wasservorrat.

Vermeidet Schwitzen, Aufregung, Bewegung. Setzt euch also ruhig in den Schatten, bedeckt die freien Hautpartien mit Kleidung. Dann überlegt in aller Ruhe, welche der nachfolgenden Möglichkeiten der Wasserbeschaffung es gibt.

Da wären zunächst ein Fluss oder ein See. Dieses Wasser kannst du trinken, wenn fluss*auf*wärts keine Menschen wohnen, deren Abfälle das Wasser verschmutzen können. Das wissen eure Eltern. Selbst dann, wenn es gerade geregnet hat und das Wasser schmutzig ist. Vorsichtshalber kann man ein T-Shirt als Sieb nutzen und den gröbsten Schmutz herausfiltern.

Wenn möglich, sollte man schmutziges Wasser abkochen. Kochhitze tötet Bakterien, die den Menschen krank machen würden.

Und schließlich kann man Wasser aus Bächen und Seen vorsichtshalber noch mit *Micropur* desinfizieren. Micropur ist eine Chemikalie, die Wasser von Krankheitserregern befreit und es ein halbes Jahr lang trinkbar macht. Das sollte man aber den Eltern überlassen, und die müssen die Gebrauchsanweisung genau beachten. Man kauft *Micropur* in Apotheken und bei Outdoor-Ausrüstern.

Wer jedoch weder einen Kochtopf noch das *Micropur* hat,

wird das Wasser unbehandelt trinken, bevor er verdurstet. Sollte man davon krank werden, ist das immer noch das kleinere Übel. Die meisten Krankheiten durch verschmutztes Wasser kann man hinterher heilen. Aber der wichtigste Rat ist, die Reise so gut zu planen, dass eine solche Notsituation nie eintritt und immer genug Wasser vorhanden ist.

Eine weitere Möglichkeit der Wasserbeschaffung ist, den Regen aufzufangen. Fangt den auf, der vom Zelt abläuft. Das geht am einfachsten, wenn ihr die unterste Zeltkante umfaltet, wie eine Dachrinne. Notfalls muss man sich zu diesem Zweck während des Regens nach draußen setzen und die Kanten hochhalten (Abb. 7). Bei dieser Aktion zieht eure Kleidung aus. Lasst sie im Zelt. Nasse Klamotten trocknen nur sehr langsam, lassen euch frieren und verursachen Erkältungen. Nackte Haut hingegen trocknet sehr schnell. Später schlüpft ihr wieder in eure wärmende, trockene Garderobe.

Vielleicht besitzt ihr eine *Fleece*-Jacke. Die wärmt sogar, wenn sie nass ist. Nach dem Regen schüttelt man sie einfach aus und zieht sie wieder an. Wie ein nasser Hund, der sich kurz schüttelt und der dann wieder ein trockenes Fell hat.

Am leichtesten lässt sich Regen auffangen, wenn man eine Reserveplane besitzt. Die breitet man auf dem Boden aus und schaut zu, wie sie sich mit Wasser füllt, während man im kuscheligen Zelt sitzt.

Ideal ist es, wenn es im Gelände eine Bodenvertiefung gibt. Dann bilden die Mulde und die Plane eine große Schüssel.

Wenn das Gelände keine Vertiefung aufweist, wenn der Boden waagerecht verläuft, baut man die Schüssel selbst. Man hebt die vier Kanten der Plane etwas an und schiebt Äste oder Erde darunter.

Wer keine Plane besitzt, stellt alle Gefäße auf, die er dabeihat. Damit sie sich schneller mit Regen füllen, stellt gerade gewachsene Äste senkrecht hinein. Damit vergrößert man die Oberfläche der Gefäße, weil der Regen, der auf die Äste fällt, an ihnen in die Gefäße abläuft (Abb. 8).

Wer keine Gefäße und keine Bauplane und kein Zelt bei sich hat, der kann immer noch seine Kleidung auf die Erde legen und sie hinterher auswringen.

> **Tipp:** Erprobt alle Tricks, solange es euch gut geht. Dann erinnert man sich in der Not viel schneller daran und vermeidet unnötige Angst.
>
> **Zwei Übungen:** Stellt zwei gleich große Gefäße auf die Erde. Das eine lasst leer. In das andere stellt senkrecht einen oder mehrere Stöcke. Dann seht ihr, wie unterschiedlich schnell sie sich bei Regen mit Wasser füllen.
>
> Oder stellt euch im Regen nackt in eine Schüssel. Ihr werdet überrascht sein, wie schnell sie sich mit Wasser füllt.

Toilette

Wer sich nur auf der Durchreise befindet, braucht keine Toilette. Der verrichtet seine Notdurft hinter irgendwelchen Büschen fernab vom Lager.

Wenn kein Toilettenpapier vorhanden ist, reinigt man sich mit Gras, glatten Steinen oder Blättern. Und man wäscht sich am Bach.

Wenn ihr jedoch länger an einem Ort verweilt, braucht ihr eine Toilette. Sonst liegt nachher hinter jedem Busch irgendein unappetitlicher Haufen.

Sie ist schnell gemacht, denn es genügt eine kleine Grube. So breit und tief wie das Metall des Spatens, etwa 50 Zentimeter lang und nicht zu nah am Lager. Denn wer will schon, dass das Lager nach Toilette riecht?

Die ausgehobene Erde lasst griffbereit liegen. Davon streut ihr abschließend immer etwas über eure Notdurft, damit die Fliegen sich nicht daraufsetzen können. Denn garantiert kommen viele dieser Fliegen auch in euer Lager, und sie lieben es, sich auf eure Lebensmittel zu setzen.

Wenn ihr das Lager verlasst, schüttet die Grube wieder zu. Und damit nicht irgendwelche Pilzsammler darin versinken, bedeckt sie mit Stöcken.

Eine Lampe

Abends braucht ihr Licht. Vielleicht wollt ihr lesen, ohne immer das Feuer am Brennen zu halten und in dessen Lichtschein zu schmökern. Das Licht der Taschenlampe ist zu kostbar, um es zum Lesen zu verschwenden. Und das Licht der Kerze ist euch zu schwach.

Deshalb basteln wir uns eine Lampe.

Geeignet ist zum Beispiel ein Glas mit Schraubdeckel. Oder eine Getränkedose. In den Deckel stecht ihr ein Loch. Nicht dicker als ein Bleistift. Dann schneidet ihr von einem Baumwoll-Einkaufsbeutel einen der Tragegriffe ab und steckt diesen *Docht* durch das Loch. Er soll das Loch ganz ausfüllen, bis auf den Boden des Gefäßes reichen und oben 2 Zentimeter herausschauen (Abb. 9).

Nun wird das Glas mit Petroleum gefüllt und der Docht angezündet. Diese Lampe brennt die ganze Nacht.

> **Achtung!** Nehmt nie etwas anderes als Petroleum! Sonst fliegt euch die Lampe um die Ohren. Und bevor ihr nach Hause fahrt, schüttet das unverbrauchte Petroleum ins Feuer, damit es nicht aus dem Glas auslaufen und eure Ausrüstung verderben kann.

Steinmesser und Steinbeil

Diese Übung solltet ihr eure Eltern machen lassen und lediglich zuschauen.

Stellt euch mal vor, ihr hättet alles verloren. Auch euer Messer – ein besonders wichtiger Ausrüstungsgegenstand. Das ist zwar ärgerlich, aber kein Grund zur Panik. Denn man kann sich schnell ein neues machen. Und zwar aus einem Stein. Ein Steinmesser also, wie es unsere Vorfahren gehabt haben, als es noch kein Metall gab.

Der Stein sollte mindestens so groß sein wie eine Männerfaust. Den legt ihr auf einen großen anderen Stein als stabilen Untergrund. Und mit einem dritten, ebenfalls schweren Stein zertrümmert ihr den kleinen.

Dazu zieht ihr die Handschuhe an und setzt unbedingt die Schutzbrille auf. Wegen der Splittergefahr bittet alle anderen Personen, 5 Meter weit zurückzutreten. Denn jetzt wird's gefährlich!

Ihr stellt euch etwas breitbeinig (lange Hose anziehen!) vor dem kleinen Stein auf, hebt den dicken Stein mit beiden Händen über den Kopf und knallt ihn mit aller Kraft auf den kleinen. Der zersplittert, und mit etwas Glück oder nach mehreren Versuchen findet ihr genügend scharfe Steinsplitter, mit denen ihr mühelos einen Bindfaden durchschneiden könnt.

Am allerbesten geeignet sind Flint- oder Feuersteine. In Norddeutschland – besonders an der Ostsee – liegen sie überall herum. Lasst sie euch von Einheimischen zeigen. Sie ergeben die besten Messer. Sie sind so scharf wie Rasierklingen.

Genauso hilfreich sind Glassplitter. Dazu zertrümmern eure Eltern eine Flasche (Abb. 10). Sucht euch einen handlichen Splitter heraus. Lasst nur eine scharfe Kante zum Schneiden. Die übrigen klebt ihr doppelt (!) mit Isolierband (oder Leukoplast) ab, damit ihr euch nicht verletzt. Bewahrt das Stein- oder Glasmesser in einer Dose auf. Oder näht euch einen Lederbeutel, den ihr am Gürtel tragt.

Alle nicht verwendeten Splitter werft in den Müll. Lasst wegen der Gefährlichkeit keinen herumliegen!

Bei den Steinen achtet auch auf besonders *große* Splitter. Sie könnten euch als Stein*beil* dienen. Gegen das Verletzen zieht beim Hacken die Handschuhe an. Damit (und mit Geduld) könnt ihr sogar dicke Äste abschlagen und das nächste Urwerkzeug machen: den Grabstock.

Der Grabstock

Bedenkt mal: Tiere haben gar keine Ausrüstung. Kein Regendach, keinen Schlafsack, kein Messer. Und trotzdem überleben sie. Alle haben ein ausreichend dickes wärmendes Fell. Manche sind unglaublich schnell und keine Beute entkommt ihnen. Andere sind auch noch stark. Viele hören, sehen, riechen viel besser als der Mensch. Manche können nachts so gut sehen wie wir am Tag. Wieder andere haben scharfe Krallen und kräftige Zähne. Irgendetwas Überlebenswichtiges hat jedes Tier. Sonst wäre es längst ausgestorben.

Der Mensch hat diese Vorteile der Tiere nicht. Aber dafür ist er schlau. Er hat gelernt, sich Garderobe, Werkzeug und Waffen anzufertigen. Er hat gelernt, sich Vorräte anzulegen und warme Häuser zu bauen für die kalten Winter.

Aber nun stellt euch mal vor, ihr seid mit einem Boot auf einem Fluss in den endlosen Wäldern Polens, Kanadas oder Skandinaviens unterwegs. Plötzlich kentert das Boot und die gesamte Ausrüstung geht verloren. Euch würde das zwar nicht passieren, weil ihr alles festgebunden habt. Aber ihr sollt euch eine solche Situation ja auch nur mal vorstellen.

Oder, was mir schon mehrfach passiert ist: Plötzlich werdet ihr überfallen, und ihr müsst alles stehen und liegen lassen, um euer Leben zu retten. Dann habt auch ihr von einem Moment zum anderen nichts mehr. Außer dem Leben und dem, was ihr am Leib gerettet habt. Mit Glück ist das auch der Überlebensgürtel. Mit Pech sind es nur Hemd, Hose und die Schuhe. Dann ist es gut, wenn man sich zu helfen weiß und nicht verzweifelt.

Ihr habt im vorangegangenen Kapitel gelernt, wie man sich ein Steinmesser und ein Steinbeil machen kann. Sie sind Werkzeug und Waffe zugleich. Jetzt benötigen wir das Handbeil (oder ein richtiges Messer), um uns das nächste wichtige Ausrüstungsteil zu machen: den Grabstock!

Wie sein Name verrät, braucht man ihn zum Graben, zum Scharren. Er ist Spaten- oder Krallenersatz. Mit ihm ist es kein Problem, sich das Loch für die Isomatte aus Laub zu kratzen. Mit ihm kann man eine Mulde zum Wasserauffangen machen. Oder einen Graben ums Zelt, damit das Regenwasser abläuft. Mit ihm kann man sich eine tiefe Schlafgrube buddeln, die man mit Laub füllt, um warm über die Nacht zu kommen. Mit ihm gräbt man nach Wasser. Und mit ihm kann man sich sogar – wie ein Fuchs – tief in einen Hügel einscharren, eine kuschelige Höhle bauen.

Ganz abgesehen davon ist der Grabstock auch eine Waffe. Mit ihm kann man sich verteidigen, wenn zum Beispiel ein wild gewordener Hund angreifen will.

Als Grabstock bezeichnet man jeden spitzen Stock, etwa 80 Zentimeter lang. Wie ein überdimensionaler Bleistift. Mit ihm reißt man das harte Erdreich auf und mit der Hand (Handschuhe!) schiebt man die lose Erde beiseite (Abb. 11).

Aber wie bekommt man einen solchen spitzen Stock ohne Messer? Wenn man versucht, ihn vom Baum oder aus

dem Gebüsch einfach abzubrechen, zersplittert er meist in hundert Fasern und ähnelt eher einem Besen als einem Grabstock oder Speer.

Deshalb *brecht* ihr ihn nicht, sondern *hackt* ihn ab. Dafür habt ihr das Steinbeil. Zieht euch sicherheitshalber die Handschuhe an. Ersatzweise wickelt ein Hemd um die Hand. Wenn auch das nicht vorhanden ist, tut es ein Büschel Gras oder lasst es am besten eure Eltern machen.

Jetzt nehmt das Steinbeil in die Hand. Seine stumpfe Seite ruht in der Handfläche. Mit der scharfen wird gehackt. Schlag um Schlag rings um den dicken Ast. Und zwar immer im spitzen Winkel von oben und rundherum (Abb. 12). Und möglichst direkt über dem Erdboden, damit der Ast nicht unnötig stark federt. Das würde die Arbeit erschweren.

Im Prinzip macht ihr hier das, was ihr mit einem Messer machen würdet, um einen Bleistift anzuspitzen. Biber fällen mit dieser Rundum-Methode ganze Bäume. Und das nur mit den Zähnen! Solche Beispiele müsst ihr euch immer vor Augen führen, wenn eine Aufgabe unlösbar erscheint.

Irgendwann lässt sich der Grabstock leicht abbrechen. Danach müsst ihr ihn nur noch etwas besser anspitzen. Mit dem Steinbeil oder mit dem Steinmesser. Oder natürlich mit dem echten Messer, wenn ihr es noch habt.

Noch praktischer ist der Grabstock, den man wie einen Pflug benutzen kann. Er sieht aus wie eine 1 und wird aus einer Astgabel gemacht (Abb. 11 und Abb. 13). Um ihn beneidet euch jedes Wildkaninchen ...

Messer schärfen

Weil das Messer ein sehr wichtiger Ausrüstungsgegenstand ist, werdet ihr sehr gut aufpassen, dass es nie verloren geht, damit ihr auf Steinmesser nur im Notfall angewiesen seid. Am besten ist es, das Messer immer mit einem Bindfaden an der Hose zu sichern.

Was man jedoch nicht verhindern kann, ist, dass auch das beste Messer irgendwann stumpf wird. Dann muss man es schärfen. Und scharf ist *jedes* Messer wertvoll. Egal, ob es teuer oder billig war. Ich selbst habe nie ein teures Messer gehabt. Aber immer ein scharfes.

Die Schnittfläche (Schneide) eines stumpfen Messers sieht aus wie ein U. Die Schneide eines scharfen Messers wie ein V. Je spitzer das V, desto besser. Ähnlich einem stumpfen oder angespitzten Bleistift.

Da ihr noch jung seid und nicht genug Kraft habt, ein Messer fachmännisch und am Schleifstein zu schärfen, empfehle ich euch eine einfache, aber sehr wirksame Methode. Das ist das Schärfen mit einer Feile.

Drückt das Messer, wie in der Abbildung 14 erkennbar, fest und so auf eine Tischkante, dass die stumpfe Schneide über die Tischkante hinausragt. Dann nehmt ihr die Eisenfeile und feilt mit aller Kraft im spitzesten Winkel und immer in Richtung vom stumpfen Messerrücken in Richtung scharfe Schneide. Ihr werdet deutlich sehen, wie das Metall glänzend und schärfer wird.

Um ein Abrutschen der Klinge zu vermeiden, legt einen nassen Lappen unter das Messer.

Wenn ihr das zwanzigmal mit viel Kraft gemacht habt, dreht ihr die Schneide um und bearbeitet sie von der anderen Seite in der gleichen Weise. Immer weg vom Messerrücken, hin zur Messerschneide.

Unter der Lupe betrachtet, sieht die Schneide dann wie eine sehr feine Säge aus. Sie wird, wenn ihr es richtig gemacht habt, selbst ein dickes Seil oder einen fingerdicken Ast mühelos durchschneiden.

14

Nadel und Faden

Ein Knopf ist abgerissen! Was tun? Nach Mama schreien? Nein! Kleine Reparaturen werden von jedem selbst durchgeführt. Deshalb gehören eine Stopfnadel und schwarzer Zwirn in eure Ausrüstung. Stopfnadel, weil du als Anfänger den Faden besser einfädeln kannst. Zwirn, weil er stabil ist. Schwarz, weil das meist besser passt. Natürlich spielt die Farbe keine Rolle. Wichtig ist, dass der Schaden behoben wird. Heute übt ihr das mit einem größeren Knopf auf irgendeinem Stück Stoff. Alle gemeinsam.

Fädelt etwa einen Meter Faden durch die Öse der Nadel und zieht ihn so lange, bis beide Enden gleich lang aus der Öse hängen.

Dann knotet die beiden Fäden zusammen. Wie das geht, zeigen euch die Eltern. Stecht vorsichtig (verletzt euch nicht!) und zielgenau von unten/hinten durch den Stoff und dann durch ein Loch im Knopf. Zieht den Faden schön stramm. Jetzt führt die Nadel durch ein anderes Loch im Knopf wieder zurück. Durch den Knopf, durch den Stoff. Von unten zieht ihr alles erneut schön stramm.

Beim nächsten Mal versucht, das noch leere dritte Loch des Knopfes von unten zu treffen, und führt dann die Nadel durch das vierte Loch wieder nach unten.

Wenn alles richtig gemacht wurde, liegen auf dem Knopf zwei parallele Fäden, die den Knopf halten.

Das wiederholt ihr drei- bis viermal. Dann sitzt der Knopf schön fest.

Nun stecht von unten durch den Stoff, aber diesmal nicht in eins der Löcher, sondern von unten am Knopf vorbei.

Ergreift den Faden hinter der Nadel und wickelt ihn um die Fäden zwischen dem Stoff und dem Knopf herum. Schön stramm. Zuletzt stecht ein letztes Mal durch den Stoff. Schneidet den Faden etwa 4 Zentimeter über dem Stoff ab und verknotet ihn: einen »Chirurgischen Knoten« und einen »Halben Schlag« (Kapitel »Knoten«). Die überstehenden

Fäden werden 2 Millimeter über dem Knoten abgeschnitten. Fertig ist die Reparatur.

Brot

Das Feuer brennt langsam runter. Es bildet sich Glut. Immer wieder werft ihr neues Holz nach. Das Feuer soll nicht ausgehen. Feuer ist der Freund eines jeden Abenteurers. Jetzt macht ihr einen Brotteig.

Als Tisch dient ein großer flacher Stein. Oder euer Poncho. Schüttet Wasser über den Stein, damit er sauber wird. Dann gebt das mitgebrachte Mehl auf den Stein. 2 gehäufte Esslöffel voll sind ungefähr so viel wie ein Brötchen. Überlegt also, wie viele Brötchen jeder möchte. Entsprechend viel Mehl benötigt ihr.

Mitten in den Mehlhaufen formt behutsam mit der Faust ein Loch. Lasst die Faust kreisen, bis das Loch handtellergroß ist. In dieses Loch schüttet ihr etwas Wasser. Wie viel Wasser das sein darf, ist schwer zu beschreiben. Es ist Gefühls- und Erfahrungssache. Eure Eltern werden euch beraten. Jedenfalls soll der Teig fest und nicht suppig werden.

Gebt auch etwas Salz in den Teig. Zusammen mit dem Wasser. Ein Teig ohne Salz schmeckt wie ein Strumpf ohne Schweiß.

Dieses Wasser-Mehl-Salz-Gemisch verrührt man ganz langsam mit einer Hand. Passt auf, dass der Wall mit dem Mehl nicht bricht und das Wasser ausläuft! Erst wenn das Wasser genug Mehl aufgenommen hat und nicht mehr flüssig ist, kann man alles zusammenraufen und zu einem glatten festen Teig verkneten. Ist er zu dünn, gebt Mehl nach. Ist er zu fest, gebt Wasser nach.

Den runden Teigball deckst du zu mit Blättern, einem Tuch, einer Plastiktüte. Er muss jetzt ruhen, damit man ihn nachher besser verarbeiten kann. Das Zudecken verhindert, dass der Teig eine raue Haut zieht.

Nach 20 Minuten teilt ihr den Teig in so viele Stücke, wie ihr Personen seid. Seid ihr zu dritt, macht drei Teile. Lasst sie erneut zugedeckt ruhen.

Währenddessen geht ihr auf die Suche nach frischen Stöcken. Das sind solche, die noch frische Blätter an ihren Zweigen haben. Die Frische ist wichtig, weil das Holz nachher nicht brennen darf. Die Stöcke sollten gerade und mindestens einen Meter lang und faustdick sein.

Am dickeren Ende dieser Stöcke schält ihr die Rinde ab auf etwa ein Drittel der Länge. Stellt die Stöcke beiseite, damit sie nicht schmutzig werden. Jetzt nimmt jeder Teilnehmer sein Teigstück und rollt es zu einem langen Strang. Bis er etwa fingerdick ist. Falls er auf dem Stein (oder Poncho) klebt, staubt etwas Mehl darunter.

Diesen Strang wickelt ihr um den abgeschälten Teil eures Stockes. Spiralartig. Dann drückt ihr die Spirale mit dem Handballen so flach wie möglich. Bis die Spiralwindungen miteinander verbunden sind und der Teig um den Stock

liegt wie ein Strumpf ums Bein. So dünn wie möglich (Abb. 15).

Jetzt muss das Brot nur noch gebacken werden. Das geschieht, wenn man die Stöcke mit dem Teig über die Glut hält. Hin und wieder dreht ihr das Brot, damit es von allen Seiten Farbe bekommt. Lasst euch dabei genug Zeit. Wenn ihr es zu schnell backt, bleibt es von innen roh.

Vermeidet unbedingt eine lodernde Flamme. Sonst verrußt das Brot und schmeckt nicht gut.

Wenn ihr meint, dass es gar ist, lasst es auskühlen. Nach etwa 10 Minuten ist es kalt genug. Dann könnt ihr es (mit dem Handschuh!) vorsichtig durch Hin- und Herdrehen vom Stock lösen.

Guten Hunger!

Topf und Tee

Damit das Brot gut in den Magen rutscht, macht ihr euch nun einen Tee. Ihr stellt einen Topf mit Wasser auf die Glut. Wenn es heiß ist, nehmt den Topf mithilfe von Handschuhen vom Feuer.

Dann gebt die Teebeutel hinzu. Lasst sie einen Moment ziehen, bis der Tee die richtige Farbe und Geschmack hat. Jetzt holt die Beutel raus und werft sie ins Feuer. Gebt Zucker, Honig und Zitrone hinzu. Oder statt der Zitrone frische Pfefferminzblätter (Kapitel »Nahrungssuche«).

Bei dieser Gelegenheit sollt ihr aber auch lernen, wie man sich einen Topf selber macht. Dazu braucht ihr eine Dose und ein Stück Draht. Die Dose sollte oben einen glatten Rand haben, damit sich niemand verletzt.

Diese Dose werft ihr in die Glut. Sehr schnell ist sie glühend, und dabei verbrennt der giftige Lack, der an vielen Dosen haftet.

Nehmt die glühende Dose aus dem Feuer und lasst sie auskühlen. Das geht am schnellsten, wenn ihr sie ins Wasser taucht.

Dann schlagt oben unterhalb der Öffnung mit der Dolchspitze zwei Löcher ins Blech. Sie müssen genau gegenüberliegen. Durch sie zieht ihr euren Draht und formt ihn zu einem Henkel. Wie man den Dosentopf übers Feuer hängt, zeigt euch das Foto. Der Aufhängestock ist tief in die Erde gesteckt (Abb. 16).

Achtung! *In solchen Dosen bitte nichts Saures kochen! Das schmeckt echt kotzig.*

Nun stellt euch mal vor, ihr hättet überhaupt keinen Topf (also auch keine Dose) und möchtet dennoch einen heißen Tee. Oder eine Brühe. Da weiß ich einen Supertrick! Was ihr allerdings braucht, ist eine Plastiktüte. Oder euren

Poncho. Oder die Zeltplane. Oder ein Fell, ein Stück Leder. Also irgendetwas, das wasserdicht ist.

Scharrt euch eine kleine Mulde. Etwas größer als ein Kochtopf. Wie ein halber Fußball. In dieser Mulde breitet die Plastiktüte aus. Den Boden der Plastiktüte belegt ihr mit gewaschenen kleinen Kieselsteinen. Dann füllt ihr Wasser auf die Folie und gebt ein paar Teebeutel hinein (Abb. 17 und 18). Und ein paar frische Pfefferminzstängel. Oder die Brühwürfel.

Währenddessen habt ihr in der Feuerglut etwa 10 faustdicke saubere Kieselsteine glühend heiß erhitzt. Mithilfe zweier Astgabeln (die wie Gabeln gehandhabt werden) nehmt ihr den ersten Glühstein heraus und gebt ihn behutsam in das Teewasser. Die Kieselsteine auf dem Boden der Plastiktüte verhindern, dass die glühenden Steine die Folie durchschmelzen. Es zischt mörderisch und das Wasser erwärmt sich.

Nach einer Minute nehmt den Stein heraus und nehmt den nächsten. Wahrscheinlich kocht das Wasser bereits nach dem fünften Stein. Dann ist der Tee fertig.

Ein toller Trick, oder?

Pudding zum Nachtisch

Schokoladen- und Vanillepudding kocht man mit Milch. Weil Milch auf dem Feuer sehr schnell anbrennt, nehmt ihr Schnellpudding. Es gibt ihn in jedem Supermarkt. »Pudding ohne Kochen« oder »Instant-Pudding« steht meist auf den Packungen.

Das Pulver wird aus der Tüte in den Topf geschüttet und Zucker hinzugegeben. Unter schnellem Rühren gebt ihr die

Findet ihr einen Zweig mit vielen Nebenästen, könnt ihr einen »echten« Schneebesen machen wie in Abb. 20.

nötige Menge kalter Milch oder Wasser hinzu. Die genaue Gebrauchsanweisung steht jeweils auf der Tüte.

Damit der Pudding keine Klumpen bekommt, macht ihr euch einen Rührbesen. Nehmt dafür einfach etwa 10 kleine Stöckchen. So lang wie eine Gabel. Sie können gern etwas krumm sein. Schält die Rinde ab und nehmt sie wie einen Blumenstrauß alle zusammen in die Hand. Mit diesem Bündel Hölzchen rührt ihr die Flüssigkeit schnell unter das Puddingpulver (Abb. 19).

Die Bastler unter euch machen sich einen Quirl. Ihn kann man ähnlich wie den Schneebesen verwenden. Den tollsten Quirl kann man aus der Spitze eures Weihnachtsbaumes (Abb. 20) machen.

Kartoffelpuffer

Meine Lieblingsspeise auf allen Reisen sind Kartoffelpuffer. Kartoffeln kann man in den meisten Ländern kaufen, sie lassen sich ideal am Lagerfeuer zu Kartoffelpuffer verarbeiten, und die schmecken gut.

Dazu braucht ihr folgende Zutaten: Kartoffeln, Eier, Mehl, Salz, Zwiebeln und Öl zum Braten. Natürlich auch eine Reibe und eine Pfanne.

Zunächst wascht ihr die rohen Kartoffeln gründlich ab. Ihr könnt, aber müsst sie nicht schälen. Mit der Kartoffelreibe reibt ihr sie zu Brei. Weil man sich dabei schnell verletzt und Verletzungen nicht empfehlenswert sind für die gute Laune, lasst das eure Eltern erledigen. Die haben mehr Erfahrung mit der Reibe.

Auf ein Pfund geriebene Kartoffeln (für drei Personen, die nicht allzu hungrig sind) gebt ihr 2 bis 3 Eier, eine gute Prise Salz und 2 gehäufte Esslöffel Mehl. Ich selbst mag auch noch gerne eine geriebene Zwiebel dazu.

Beim Reiben der Zwiebel zieht aber unbedingt Handschuhe an. Sonst stinken die Finger noch am nächsten Tag. Notfalls kriegt man den Gestank mit Zitronensaft weg.

Jetzt macht die Pfanne heiß. Stellt sie auf 3 Steine in die Glut. Schüttet ein wenig Tafelöl in die Pfanne. Sonst kleben die Puffer fest.

Sobald Pfanne und Öl heiß sind, gebt ihr die Kartoffelpuffer-Masse löffelweise in die Pfanne, und zwar so, dass kleine runde Puffer entstehen. Groß wie ein Handteller. Sobald sie von unten schön goldgelb bis braun sind, müsst ihr sie wenden, bis sie auch auf der zweiten Seite braun sind.

Dann lasst sie euch gut schmecken.

> **Achtung!** Wenn das Öl zu heiß wird, fängt es Feuer. Dann nehmt die Pfanne schnell von der Glut und schüttet das Öl ins Feuer. Brennendes Fett aber niemals mit Wasser löschen!!! Wasser und Fett ergeben ein Explosionsgemisch.

Habt ihr die Reibe zu Hause vergessen? Dann basteln wir sie uns. Das ist ziemlich einfach.

Schneidet einer Dose den Boden und den Deckel weg. Schlitzt die verbleibende Dosenwandung von oben nach unten auf. Drückt das krumme Blech gerade. Jetzt habt ihr ein rechteckiges Stück Blech. Schützt euch mit einem Handschuh.

Im Überlebensgürtel habt ihr einen Nagel. Den braucht ihr jetzt. Und einen Stein als Hammer. Legt das Blech auf ein glattes Stück Holz und hämmert mit dem Nagel ein Loch neben das andere. Immer von oben durchs Blech hindurch, ins Holz hinein. Dann entstehen unterm Blech die gefährlichen Zacken, mit denen man Kartoffeln reiben kann (Abb. 21).

Damit sich das Blech beim Reiben nicht verbiegt, haltet eine Astgabel unters Blech. Oder bindet das Blech mit Draht an der Astgabel fest (Abb. 22).

22

Zweiter Teil:
Abenteuer

Freundschaft

Bevor ihr nun zu ersten interessanten Übungen in die Natur aufbrecht, solltet ihr dieses Kapitel genau durchlesen und euch zu Herzen nehmen. Ihr solltet es mit allen Teilnehmern genau besprechen, bevor es losgeht. Es ist nicht nur wichtig für eure Reise in die Natur, sondern fürs ganze Leben.

Denn dann, wenn ihr in der großen Natur unterwegs seid, ist eines ganz wichtig: die absolute Zuverlässigkeit! Das wird umso wichtiger, wenn ihr auch Freunde bei euch habt, die ihr nicht so gut kennt, wie ihr eure Eltern und Geschwister kennt. Jeder muss sich voll und ganz auf jeden anderen verlassen können. Erst dann wird der Ausflug zu einem wirklich tollen Erlebnis, zu einem Abenteuer, an das man sich noch nach vielen Jahren gern erinnert.

Sehr bald werdet ihr bei eurem Aufenthalt in der Natur feststellen, wie unterschiedlich Menschen sich verhalten. Der eine friert ständig, dem anderen passt das Wetter nicht, der Dritte will fernsehen. Der eine wird schnell müde, der andere denkt, die Dreckarbeit lass ich die anderen machen, und der Dritte schnappt sich immer die besten Leckerbissen, wenn es etwas zu essen gibt. Das führt schnell zu Streit. Und genau den darf es nie geben. Deshalb muss man sich unbedingt an Regeln halten, die man vorher mit allen Teilnehmern bespricht.

Zum Beispiel: Jeder muss jede Arbeit verrichten, wenn er das körperlich kann. Das heißt, der Abwasch ist jedermanns und jederfraus Sache. Ohne zu murren. Zack und fertig. Das Schleppen schwerer Baumstämme fürs Feuer ist dann eher ein Job für die Erwachsenen.

Wenn man merkt, dass jemand zu erschöpft ist, seine Arbeit zu tun, dann wird ihm geholfen. Egal, ob das sein oder eines anderen Job war.

Wer nachts aufwacht und merkt, dass das Feuer runtergebrannt ist, der legt Holz nach, damit niemand frieren muss. Wenn es erst einmal ausgegangen ist, ist es schwierig, es wieder in Gang zu bringen.

Wenn man merkt, das sich jemand im Schlaf losgestrampelt hat, deckt man ihn zu. Wenn du siehst, dass jemandem sehr kalt ist, gib ihm ein Garderobenteil von dir. Wenn jemand noch Hunger hat, gib ihm von deinem Essen ab. Selbst dann, wenn das Essen knapp ist.

Es gibt immer etwas zu tun. Arbeit muss man *sehen* und es nicht den anderen überlassen, sie zu erledigen oder dich darauf aufmerksam zu machen. Wenn du merkst, dass das Feuerholz zur Neige geht, sag zu einem, der gerade nichts zu tun hat: »Komm, lass uns neues Holz sammeln.« Wenn du mitgehst, wird niemand murren. Wenn du auf der faulen Haut liegst und rufst: »Nun sammelt mal endlich Holz!«, wird das nicht so gut funktionieren. Es ist immer empfehlenswert, mit gutem Beispiel voranzugehen. Es muss sich Kameradschaft entwickeln, Teamgeist. Jeder macht alles, jeder hilft jedem.

Nie bleibt es aus, dass einer in der Gruppe der Schwächste ist. Zum Beispiel beim Wandern. Auf ihn nehmt ihr Rücksicht. Denn jede Gruppe kommt nur so schnell voran wie der schwächste Teilnehmer. Unter keinen Umständen lässt man ihn zurück nach dem Motto »Sieh zu, wie du nach Hause kommst, du lahme Ente!«.

Macht seinetwegen eine Pause, gebt ihm zu trinken, teilt sein Gepäck unter euch auf, tragt ihn notfalls.

Wenn jemand traurig ist, nehmt ihn in den Arm, tröstet ihn. Jeder weiß ja selbst, wie wichtig Trost und Zuspruch durch andere ist.

Vielleicht bist du der Nächste, der nicht mehr laufen kann. Weil du dich schlapp fühlst, weil du dir den Magen verdorben oder den Fuß verknackst hast. Dann bist auch du dankbar, wenn die anderen dich stützen, dir eine Krücke basteln oder dich tragen.

Der Aufenthalt in der Natur lehrt nicht nur, vertraut zu werden mit verschiedenen Menschen, sondern auch mit der Natur selbst. Sehr schnell werdet ihr lernen, welches Holz nicht brennt und welches leicht brennt, wo das Eis trägt und wo nicht. Es ist gut, wenn ihr Vorsichtsregeln, die eure Eltern euch geben, beachtet. Es ist dumm, wenn ihr glaubt, es besser zu wissen, und erst durch Schaden klug werdet. Ihr müsst lernen, eure Stärken und Schwächen herauszufinden, damit ihr euch nie überschätzt und lebensgefährliche Fehler begeht. Ich wäre längst nicht mehr am Leben, hätte ich nicht immer solch tolle, zuverlässige Freunde gehabt.

> **Merke**: *Die größte Stärke eines Menschen ist, die eigenen Schwächen zu kennen!!!*

Wenn jemand unter euch ist, der sich nie an Abmachungen hält, nehmt ihn nie wieder mit. Egoisten haben im Team keinen Platz. Nur wirkliche Partner. Mit ihnen entwickeln sich auf solchen gemeinsamen Reisen Freundschaften, die das ganze Leben halten. Und etwas Wertvolleres als eine echte Freundschaft kann man kaum auf der Welt finden.

Nahrungssuche

Nun beginnen wir mit den kleinen Abenteuern. Zuerst mit der Nahrungssuche.

»Alles ist essbar«, verrät ein schlauer Spruch. »Manches aber nur ein einziges Mal.« Weil es giftig ist.

Das musst du dir besonders gut einprägen! Verzichte lieber auf die unbekannte Nahrung, als Bauchschmerzen zu kriegen, krank zu werden oder zu sterben.

Tiere haben es da leichter. Ihr Geruchs- und Geschmackssinn sind viel besser entwickelt als die Sinne des Menschen. Tiere wissen genau, was ihnen nutzt oder schadet. Sie brauchen auch nie die Zähne zu putzen, weil sie natürliche Nahrung essen mit Stumpf und Stiel. Und nicht wie wir Zucker, Mehl und andere Lebensmittel, die künstlich verändert worden sind. Speisereste und vor allem Zucker verderben die Zähne. Also denkt auch daran, euch mehrmals täglich die Zähne zu putzen.

> **Ein sauberer Zahn wird niemals krank.**

In warmen Gebieten unserer Erde, zum Beispiel im Regenwald, gibt es das ganze Jahr über etwas zu ernten. Bei uns, wo es kalte Winter gibt, findet man nur im späten Frühjahr, im Sommer und im Herbst etwas zu essen. Deshalb mussten unsere Vorfahren lernen, Lebensmittel anzubauen, die man lange aufbewahren kann für den Winter. Und Tiere zu züchten für Milch, Eier, Fleisch.

Jungabenteurer wie ihr sollten dennoch schon einmal die ersten Pflanzen kennenlernen, die man essen kann.

Im Mai wachsen an den Ufern der Seen die **Rohrkolben** (Abb. 23), auch Lampenputzer genannt. Sobald sie aus dem Wasser schauen, schneidet sie dicht über der Wurzel im Wasser ab. Wenn ihr die äußeren grünen Blätter abzieht – wie einen Strumpf vom Bein –, bleibt in der Mitte des Stängels eine weiße weiche Stange stehen. Sie ist essbar und schmeckt so lecker wie gekochter Spargel. Oder ein roher Champignon-Pilz.

Je größer die Pflanze im Laufe des Jahres wird, desto holziger und ungenießbarer wird sie. Schließlich schmeckt auch der innere Teil nicht mehr. Dann kannst du ebenso gut einen Besenstiel essen ☺!

Und wo ihr gerade am Wasser seid, probiert mal die **Entengrütze** (Abb. 24). Das sind die linsengroßen grünen Blättchen, die mitunter den ganzen Teich bedecken. Schöpft eine Handvoll von der Wasseroberfläche ab, wascht und probiert sie! Sie schmecken wie **Salat**. Mit Soße natürlich noch besser. Aber die müsst ihr kaufen.

Entengrütze

25

26

Als weitere tolle Pflanze empfehle ich euch **Pfefferminze** (Abb. 25). Sie wächst an Ufern sumpfiger Gewässer. Auch hier werdet ihr sofort merken, ob es die richtige Pflanze ist. Zerreibt ein Blatt zwischen den Fingern und riecht daran. Pfefferminze duftet sehr intensiv, unverwechselbar.

Man kann die Blätter roh essen, um einen frischen Atem zu bekommen. Oder ihr macht einen Pfefferminztee. Dazu gebt einfach einen oder zwei Stängel mitsamt den Blättern in die Tasse und schüttet heißes Wasser darüber. Das lasst 5 Minuten stehen. Dann trinkt den Tee. Wer es mag, süßt ihn mit etwas Honig.

Eine andere leckere Pflanze ist die **Wilde Möhre** (Abb. 26). Sie findet man im Sommer. Ob es sich um die richtige Pflanze handelt, merkt ihr sofort, wenn ihr an der Wurzel riecht. Sie sieht gelb aus, riecht und schmeckt wie Mohrrüben.

Total lecker schmecken **Sauerampfer** (Abb. 27) und **Sauerklee** (Abb. 28). Sauerampfer wächst auf wilden Wiesen, Sauerklee im Wald. Wascht vorm Essen alles gut ab.

Mögt ihr **Spinat**? Dann könnt ihr heute so viel essen, wie die Mägen bunkern können. Denn er wächst überall. In Hülle und Fülle. Und zwar sind es die **Brennnesseln**, die so gut schmecken. Am besten sind die Blätter der *jungen* Brennnesselpflanzen. Die, die noch nicht geblüht haben.

Damit euch die Blätter nicht stechen, erntet sie mit dem Handschuh. Oder fasst die Blätter mit Daumen und Zeigefinger gleichzeitig auf der Ober- und der Unterfläche an (Abb. 29). Dort stechen sie nicht. Die schmerzhaften Nesseln sitzen am *Rand* der Blätter.

Die geernteten Blätter werft in einen Topf mit Wasser und kocht sie (mit etwas Salz) auf. Die Nesseln gehen dabei kaputt und ihr werdet sehr schnell den guten Duft von Spinat riechen.

Im Sommer sind es die **Blaubeeren, Brombeeren, Erdbeeren, Himbeeren, Holunder (muss vorher abgekocht werden), Bucheckern, Hagebutten und Haselnüsse**, die man suchen kann. Sie brauche ich sicher nicht näher zu beschreiben. Jeder kennt sie. Davon könntet ihr euch, gemischt mit ein paar Haferflocken, ein leckeres Müsli machen. Oder Mama kocht von den Früchten eine rote Grütze (Abb. 30).

Aber auch viele Insekten sind essbar. Probier mal eine **Heuschrecke**! Du tötest sie, indem du ihren Kopf zerdrückst. Das ist wichtig. Schließlich soll sie nicht unnötig leiden. Tiere fühlen Schmerzen genauso wie Menschen. Auch dann, wenn man ihren Schrei nicht hört.

30

Zieht ihnen, wenn sie tot sind, die hinteren Beine aus dem Leib. Sie haben nämlich kleine Widerhaken, die im Hals stecken bleiben könnten. Den Rest esst ihr auf. Komplett.

Wenn euch jemand eine solche Heuschrecke zum ersten Mal und mit verbunden Augen geben würde, würdet ihr sagen: »Das war eine zermatschte Haselnuss!« Denn Heuschrecken sind leicht knackig und schmecken fettig-süßlich. Eben wie Nüsse.

Als Letztes probiert den alkoholfreien **»Survivor*-Sekt«**! (*Survivor ist englisch und bezeichnet Menschen, die alle Tricks kennen, um sich ohne Hilfsmittel durch die Welt zu schlagen). Der ideale Familien-Drink. Mit einem Floh-Kätscher aus dem Angel- oder Tierbedarfsladen kätschert ihr durch das flache sommerlich-warme Teichwasser. Hin und her und kreuz und quer. Sehr bald kribbeln Tausende kleiner Wasserflöhe im Tuch. Die stülpt ihr in den Trinkbecher und füllt ihn auf mit gutem Trinkwasser. Das kribbelt und krabbelt wie Selterswasser, wie Sekt.

Wer einen empfindlichen Rachen hat, wird die kleinen zappelnden Flöhe wahrnehmen wie die prickelnden Luftblasen. Nur, dass euer Floh-Sekt gehaltvoller und gesünder ist. Denn er enthält tierisches Eiweiß und ist frei von Alkohol. Ein putzmunterer Drink!

»Prost!«

Ach so: Erinnert ihr euch noch an die Oberregel für die pflanzliche Nahrungssuche?

> **Merke:** *Alle Pflanzen sind essbar. Manche nur einmal. Weil sie giftig sein können. Deshalb lass stehen, was du nicht kennst.*

Angeln und Räuchern

Solange jemand noch keine 12 Jahre alt ist, darf er nach deutschen Gesetzen nicht angeln. Dann jedoch kann man bei einem Angelverein alles das erlernen, was zum Erlangen eines »Fischereischeines« nötig ist.

Vielleicht aber haben die Eltern einen Fischereischein. Dann könnt ihr von ihnen schon vor dem 12. Lebensjahr lernen, was ein fairer Angler wissen und beachten muss. Das Allerwichtigste dabei ist, einen Fisch *nie* zu quälen. Er kann zwar nicht schreien, aber er fühlt Schmerz wie du. Genau wie die Heuschrecke, von der im vorangegangenen Kapitel die Rede war.

Sobald der Fisch aus dem Wasser gezogen ist, zappelt er wie wild. Er kämpft in Todesangst um sein Leben. Er erstickt qualvoll. Für den Fisch ist ein solcher Tod wie für dich das Ertrinken. Um ihm diese Todesqual zu ersparen, muss er *sofort* getötet werden. Noch bevor man ihn vom Angelhaken gemacht hat. Da genügt ein sehr kräftiger Schlag mit einem dicken Stock auf seinen Oberschädel.

31

Dann ist er bewusstlos und merkt nicht mehr, wenn ihr ihn nun mit einem Messerstich von oben durch den Kopf tötet (siehe Pfeil in Abb. 31).

Dann lasst euch zeigen, wie man den Fisch ausnimmt. Das ist für einen Anfänger zunächst ein wenig eklig. Aber es gehört zum Abenteuerleben dazu. Im Fischereikurs lernt man, wie es geht.

Wenn die Eltern keinen Fischereischein besitzen und dann auch nicht angeln dürfen, kauft die Fische im Laden. Am Lagerfeuer könnt ihr sie in Salzwasser kochen. Oder ihr bratet sie.

Auch ohne Pfanne ist das Braten ganz einfach. Ihr spießt den Fisch auf eine frische, fingerdicke und angespitzte Astgabel. Der Stock sollte mindestens einen Meter lang sein. Denn ihr müsst ihn nun über die Glut (nicht in die lodernde, qualmende Flamme!) des Feuers halten und immer wieder drehen, damit er von allen Seiten goldbraun und gar wird (Abb. 31). Wenn der Stock zu kurz ist, verbrennt ihr euch. Und wenn es kein frischer, sondern ein trockener Ast ist, verbrennt der Ast und peng!, fällt der Fisch ins Feuer.

Der Fisch schmeckt besser, wenn ihr vorm Essen etwas Salz auf das Fleisch streut.

Weil man von Fisch allein nicht satt wird, legt ein paar Kartoffeln in die Glut. Entweder nur mit ihrer Schale oder ihr wickelt sie in Aluminiumfolie.

Besonders lecker schmeckt *geräucherter* Fisch. Vor allem hält er sich mehrere Tage. Man kann ihn also gut mitnehmen auf eine Wanderschaft.

Räuchern ist viel leichter, als man denkt. Ihr braucht nur ein Loch von 30 Zentimeter Tiefe.

In diesem Loch entfacht ihr ein Feuer. Wenn es gut brennt, werft ihr dicke Holzscheite drauf. Sie ergeben viel heiße Glut. Und die braucht ihr. Es muss so viel Glut sein, dass sie ungefähr 45 Minuten am Glühen bleibt.

Viel besser als die Holzscheite ist Holzkohle. Weil sie ihre Hitze länger hält.

Über die gesamte Glut streut ihr Sägemehl. Etwa 5 Zentimeter dick. Das qualmt wie 500 Zigarettenraucher.

Das Sägemehl besorgt ihr euch vorher bei einem Tischler, in einem Sägewerk oder im Tierhandel.

> **Achtung!** *Das Sägemehl muss **reines** Holz sein. Ohne Kunststoffe oder Farbe!*

Auf das Sägemehl legt ihr eine 5 Zentimeter dicke Schicht frisches (!) Gras und darauf die Fische. Schön nebeneinander. Wenn ihr sie *direkt* aufs Sägemehl legt, bleibt es an der Fischhaut kleben. Das schmeckt dann nicht mehr so gut.

Falls ihr Pfefferminze habt oder einen kleinen Wacholderzweig, legt ihn dazu. Sie geben den Fischen eine besondere Würze.

Nach diesen Vorbereitungen deckt ihr den Räucherofen zu, damit der Qualm und die Hitze im Loch bleiben. Lasst nur einen kleinen Luftschlitz, damit die Glut etwas Sauerstoff bekommt. Sonst erlischt sie.

Zum Zudecken nehmt ihr entweder einen Holzdeckel, den ihr euch aus Brettern gemacht habt. Oder ihr legt viele (!) Schichten belaubter Äste übereinander. Sie erfüllen den gleichen Zweck wie der Deckel.

Nach 25 Minuten dreht die Fische um (Handschuhe!). Nach insgesamt 45 Minuten müssten sie fertig sein. Wenn nicht, war es zu wenig Glut.

Wer kein Sägemehl hat, muss nicht verzweifeln. Der wirft frische Blätter oder frisches Gras auf die Glut. Wichtig ist, dass viel Qualm entsteht. Mit Sägemehl funktioniert das am besten.

Die Fischreste (Kopf, Haut, Gräten ...) locken frei lebende Tiere an. Wenn ihr das nicht wollt, vergrabt ihr sie abseits vom Lager. Wenn ihr aber Tiere beobachten wollt, legt ihr die Abfälle, ebenfalls weit genug entfernt vom Lager, auf die Erde und beobachtet nachts mit der Taschenlampe aus sicherer Entfernung, wer sich die Leckerbissen holt.

> **Tipp:** Wenn in eurer Familie niemand einen Fischereischein hat, schaut einem Angler zu. Der wird euch gern alles erklären, was man als Angler wissen muss. Vielleicht lässt er euch sogar einen Fisch ausnehmen.
> Oft haben Angler auch interessante Geschichten zu erzählen. Aber Vorsicht! Manche Angler übertreiben. Das nennt man dann **Anglerlatein**.
> Ich kann euch zumindest einen Anglerwitz erzählen. Hier ist er:
> Ein Angler sitzt an einem See und angelt. Stundenlang hockt er bereits da und hat noch keinen einzigen Fisch gefangen. Hinter ihm steht ein neugieriger Spaziergänger. Ebenfalls schon stundenlang. Schließlich kann er sich eine neugierige Frage nicht verkneifen. »Gibt es eigentlich etwas Langweiligeres als Angeln?«
> Der andere schaut weiterhin unbewegt auf seine Angel im Wasser. Dann brummelt er in seinen Bart: »Ja, zugucken beim Angeln.«

Melken

Ihr habt gedacht, Milch kommt aus der Flasche und die Flasche kommt aus dem Laden? Dann wisst ihr nur die Hälfte. Denn bevor sie in die Flasche abgefüllt wird, kommt sie aus der Kuh. Aber wie kommt sie aus der Kuh heraus?

Das könntet ihr lernen. Versucht einmal, einen Bauern zu finden, der Kühe hat und der bereit ist, euch das Melken beizubringen. Zwar wird heute nur noch maschinell gemolken, aber er wird euch zeigen können, wie man es in den meisten Teilen der Welt macht und auch bei uns immer gemacht hat, als die Maschinen noch nicht erfunden waren.

Zum Melken könnt ihr nicht einfach auf eine Wiese gehen und eine Kuh leer melken. Sie würde sich das nicht gefallen lassen. Manche Kühe sind unruhig. Sie würden mit den Hinterbeinen austreten und euch schwer verletzen. Sie sind es gewohnt, von Maschinen und nur von ihrem Bauern gemolken zu werden. Zu ihm haben sie Vertrauen, denn er gibt ihnen täglich das Futter. Da halten sie mucksmäuschenstill.

Aber grundsätzlich lassen sie sich gerne melken. Eine ungemolkene Kuh verspürt nämlich einen großen Druck in ihrem Euter. Sie fühlt sich wie ein Mensch, der dringend pinkeln muss. Vielleicht könnt ihr euch ihren großen Druck vorstellen, wenn ihr vor einer Kuh steht. Sie schleppt da in ihrem Euter bis zu 40 Liter Milch mit sich herum! Das ist so viel wie vier volle Eimer!!! Und wenn man ihr die nicht rausmelkt, produziert sie schon wieder 40 Liter. Und irgendwann hat sie nur noch Schmerzen und stirbt.

Okay. Der Bauer kann es euch zeigen und ihr werdet es schnell begreifen. Er weiß auch genau, welche Kuh ruhig ist und nicht nach euch tritt.

Am Euter hängen mehrere Zitzen. Die stupst ihr mit beiden Händen sanft an. Das machen die kleinen Kälber mit ihrer Nase auch, bevor sie mit dem Trinken beginnen. Denn eigentlich produzieren die Kühe die Milch nicht für den Menschen, sondern für ihre Kälbchen. Dann könnt ihr mit dem Melken beginnen. Mit dem Daumen und Zeigefinger jeder Hand umfasst ihr eine Zitze direkt dort, wo sie aus dem Euter kommt.

Dann drückt man Daumen und Zeigefinger so zusammen, dass keine Milch mehr aus dem Euter nachströmen kann. Als Nächstes schließt ihr auch den Mittel-, dann den Ring-

und schließlich den kleinen Finger. So drückt ihr die Milch, die sich in der Zitze gesammelt hat, von oben nach unten heraus in den Topf. Den habt ihr vorher unter die Kuh gestellt. Oder jemand hält den Topf direkt unter die Zitzen.

Dieser Melkvorgang erfordert eine ähnliche Geschicklichkeit wie beim Ausdrücken der Zahnpasta. Da drückt man ja auch von unten nach oben, zur Öffnung hin. Sonst kommt gar nix.

Wenn ihr es bei der Kuh richtig gemacht habt, spritzt die Milch in dünnem Strahl heraus.

Nach dem Abspritzen lockert ihr den Fingergriff wieder und beginnt von Neuem.

> **Übung:** Besorgt euch einen Gummihandschuh. Oder einen Einmal-Handschuh aus dem Erste-Hilfe-Kasten. Den füllt mit Wasser, und jemand hält ihn, mit den gefüllten Fingern nach unten. Es muss aussehen wie der Kuheuter mit den daran hängenden Zitzen. Probiert daran das Prinzip des Melkens.

Auf dem Seil über den Bach

Jetzt kommt etwas sehr Verblüffendes und Wertvolles. Dafür braucht ihr ein ganz dickes Seil. Am besten ein Ankerseil. 3 Zentimeter Durchmesser. Oder sogar noch dicker. Das kriegt man in Häfen bei Schiffsausrüstern. Dort ist es jedoch sehr teuer. Oder bei Schiffsabwrackern. Dort ist es billig. Schiffsabwrackunternehmen finden eure Eltern im Branchenbuch der Städte, die einen Hafen haben, sowohl am Meer wie am Fluss.

Wer solch ein dickes Seil nicht gefunden hat, der nimmt das Bergsteiger-Perlonseil (12 Millimeter Durchmesser) aus

32

eurer Standardausrüstung, das wir auch für andere Übungen noch brauchen werden. Legt dieses Seil vierfach, verdreht es ein wenig. Dann ist es auch gut zu verwenden.
Spannt es zunächst zwischen zwei Bäume und in nur einem Meter Höhe. Es muss nicht stramm sein! Es ist sogar besser, wenn es ein wenig durchhängt. Jetzt legt euch mit dem Bauch der Länge nach auf dieses Seil. Mit den Händen haltet euch nach vorne hin fest. Die Beine hängen links und rechts herunter. Dann winkelt einen Unterschenkel hoch, bis ihr den Fuß über das Seil legen könnt. Dieser Fuß verhindert, dass man vom Seil kippt. Er ist die »Klemme«. Das andere Bein bleibt unten. Damit haltet ihr das Gleichgewicht (Abb. 32). Mit welchem Bein ihr euch besser verhaken könnt, müsst ihr selbst herausfinden.

Achtung! *Für diese Übung müsst ihr feste Garderobe anhaben. Zum Beispiel eine Jeans und eine robuste Jacke.*

Nun zieht euch Stück für Stück voran. Das Klemmbein hilft dabei. Es schiebt euch voran, bleibt aber immer mit dem Fuß als Halterung ums Seil verklemmt. Mit dem anderen Bein haltet ihr das Gleichgewicht.

Beim ersten Mal muss einer dem anderen helfen. Aber sehr schnell bekommt jeder von selbst das nötige Gefühl für Balance und Sicherheit. Man fällt dann nicht einmal mehr herunter, wenn jemand am Seil schaukelt.

Sobald ihr euch auf dem Seil sicher fühlt, spannt es über einen Bach. Das ist insofern aufregender (und deshalb schwieriger), weil man nass wird, wenn man runterfällt. Aber ihr werdet erleben, dass es euch gar nichts ausmacht hinüberzukriechen. Sogar – weitere Schwierigkeit – mit einem Rucksack auf dem Rücken! Oder bei dem Gedanken, dass unten wirklich Krokodile im Wasser wären.

Mit dieser wertvollen Erfahrung könnt ihr später, wenn ihr auf eigene Abenteuerreisen geht, sogar in hoher Höhe tiefe Schluchten und reißende Ströme überwinden.

Verflixte Knoten

Kennt ihr das? Ihr habt einen Kuddelmuddelknoten, den keiner mehr aufkriegt. Damit euch das nie passiert, solltet ihr **drei** Knoten kennen und können. Den »*Einfachen Schlag*«, den »*Chirurgischen Knoten*« und den »*Palstek*«.

Der *Einfache Schlag* ist jedem von euch bekannt. Man macht ihn, wenn man einen Schuh zubindet, bevor man die Schleife daraufsetzt (Abb. 33).

Der *Chirurgische Knoten* (weil Chirurgen mit ihm Wunden vernähen) hält Päckchenschleife und Schuhband bombensicher.

33 34

Der *Chirurgische Knoten* hat einfach nur *eine* Umwicklung mehr als der *Einfache Schlag* und öffnet sich nicht (Abb. 34). Man kann dann in Ruhe die Schleife daraufbinden. Oder noch einmal einen Halben Schlag – und der Knoten hält.

Der wichtigste und vielseitigste Knoten aber ist der *Palstek*(-knoten). Egal, wie stark man daran herumgezogen hat, man kann ihn sehr leicht wieder öffnen. Er wird auch »König aller Knoten« genannt, weil er praktisch ist und recht gut aussieht. Wie er gemacht wird, erklärt die Bildfolge auf Seite 73 mit einer kleinen Geschichte. Sie hilft, sich den Werdegang gut einzuprägen. Man kann mit dem *Palstek* etwas festbinden, das nicht verloren gehen soll. Zum Beispiel den Eimer, mit dem man vom Steg aus Wasser holt. Man kann damit sogar ein Auto abschleppen, und trotzdem öffnet sich der Knoten anschließend wieder babyleicht.

Bild 1: Stellt euch das lange Ende des Seils als »Baum« (B) vor, das kurze als »Schlange«. Mit dem kurzen Ende bildet ihr einen »Teich« (T).

Bild 2: Nun geht die Schlange durch das, was ihr anbinden wollt (hier ein roter Eimerhenkel), kriecht von unten durch den Teich und taucht wieder auf.

Bild 3: Jetzt ist sie um den Baum herum gekrochen, kehrt zurück zum Teich ...

Bild 4: ... taucht von oben durch den Teich wieder hindurch und kommt unter dem Ufer wieder zum Vorschein.

Bild 5: Um den Knoten stramm zu ziehen, haltet ihr mit den Fingern der linken Hand den »Baum« fest, mit dem Daumen und Zeigefinger der rechten Hand haltet ihr jetzt den in und den aus dem »Teich« kriechenden »Schlangenleib« unterhalb des »Teiches« fest und zieht beides in Richtung der Pfeile nach außen.

Wenn der Knoten aussieht wie auf Bild 5, habt ihr alles richtig gemacht.

Mit dem *Palstek* kann man beispielsweise auch zwei Seile verbinden. Sogar verschieden dicke (Abb. 35).

So kann man ein schweres Holzbündel leicht ziehen.

Besonders diesen *Palstek* müsst ihr lernen und ihr solltet ihn nie verlernen! Wenn euch die Abbildungen zu kompliziert sind, lasst euch den Knoten im Globetrotter-Ausrüstungsladen oder bei eurer Feuerwehr erklären. Und wenn ihn dort niemand beherrscht, dürft ihr den Betreffenden in meinem Namen auslachen ☺.

> **Übung:** Übt den **Palstek** auch mit geschlossenen Augen und auf dem Rücken. Sobald ihr das könnt, seid ihr **Palstek-Meister!**

Das Boot aus Gras

Jetzt kommt etwas ganz Besonderes. Ihr baut euch ein Boot aus Gras! Dazu braucht ihr außerdem die wasserfeste Bauplane und Bindfaden. Ich habe dieses Kunststück bei einem australischen Ureinwohner gesehen. Er hat das Boot mit einer Rinderhaut und Schilf gebaut. Statt der Rinderhaut habt ihr die Plane aus dem Baumarkt. Statt Schilf habt ihr Gras oder Brennnesseln. Zunächst schneidet ihr etwa 24 Stöcke zurecht. Sie sollen etwa 50 Zentimeter lang und an einem Ende angespitzt sein. Je nachdem, wie groß ihr euer Boot haben wollt und wie groß eure Folie ist, steckt ihr die ersten 12 bis 14 Stöcke in ovaler Weise in den Boden. Lasst uns als Beispiel die Länge von 170 Zentimeter festlegen. Und eine Breite von 90 Zentimeter. Mit den übrigen Stöcken steckt ihr innerhalb dieses Ovals ein zweites Oval ab. Der Zwischenraum zwischen beiden Ovalen beträgt etwa 20 Zentimeter (Abb. 36 und 37). Beide Ovale zusammen müssen aussehen wie ein Schlauchboot.

38

Jetzt schneidet ihr mit eurem Messer ganz viel ganz langes Gras ab. Oder andere Pflanzen, zum Beispiel Schilf, Brennnesseln. Hauptsache, die Pflanzen sind ohne Dornen. Damit füllt ihr den Raum zwischen den Ovalen aus. Drückt alles fest zusammen. Dieser dicke Pflanzenkranz sollte gleichmäßig dick und 25 Zentimeter hoch sein.

Nun macht euch etwa 16 Bindfäden zurecht. Sie müssen bequem um den Graswulst herumpassen. Mit einem *Chirurgischen Knoten* bindet die jeweils zwei Seilenden der 16 Seile zusammen und legt darauf zweimal einen *Einfachen Schlag*.

Wenn der ovale Graskranz fest verschnürt ist, sieht er aus wie ein großer eiförmiger Adventskranz. Hebt ihn zu zweit oder dritt vorsichtig aus der Stockform heraus und legt ihn auf eure ausgebreitete Folie (Abb. 38).

Die Folie muss an allen Seiten weit genug unter dem Kranz hervorstehen, denn jetzt schlagt ihr sie nach innen ein und verklemmt sie fest unter dem Gras. Füllt den Innenraum des Bootes mit Gras. Es ist euer Kissen und hält die Seitenwände auseinander.

Damit ist das Boot fertig! Legt es aufs Wasser. Achtet aber darauf, dass die Folie keine Löcher bekommt. Falls sie besonders groß ist, faltet sie einmal und legt sie doppelt. Doppelt hält in diesem Falle besser.

Jetzt braucht ihr nur noch ein Paddel. Dazu eignet sich jeder gerade lange Stock. 3 Meter lang sollte er aber schon sein. Abwechselnd links und rechts ins Wasser tauchen, und los geht die Reise (Abb. 39).

Noch viel schneller geht alles, wenn ihr *zwei* Folien habt. Dann dreht ihr die eine zu einem dicken Strang. So, als wollte man Wäsche auswringen (Abb. 40).

Die Enden bindet ihr zusammen. Nun habt ihr einen Ring. Da runde Boote sich nicht gut paddeln lassen, zieht sie in der Mitte mit einem dicken Bindfaden zusammen, damit der Ring oval wird. Dieses Oval legt ihr auf die zweite Folie, die nun – wie beim Grasboot – nach innen geschlagen und eingeklemmt wird.

Vielleicht mögt ihr das Boot sogar noch mit einem bunten Blumenstrauß am Bug (das ist vorn) schmücken.

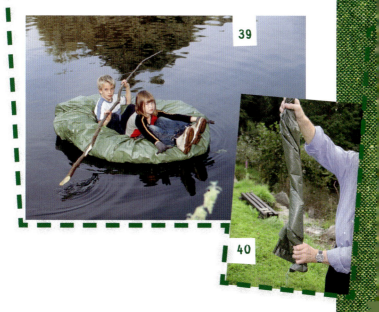

> **Warnung:** Wer nicht schwimmen kann, muss im Wasser immer eine Schwimmweste tragen!

> **Übung:** Diese Übung ist gut geeignet, um sie zunächst als Mini-Modell zu erproben. Mit zwei einfachen Plastiktüten. Aus der einen dreht ihr einen Strang und bindet ihn zum Ring zusammen. Mit einem dünnen Bindfaden spannt ihr gegenüberliegende Seiten so zusammen, dass der Ring oval wird. Dieses Gebilde setzt ihr auf eine flache zweite Plastiktüte. Nun müsst ihr nur noch diese zweite Tüte von außen nach innen schlagen und fest unter die Innenwandung des Ovals stecken. Fertig ist das Boot. Gegen das Rausrutschen der Folie klebt sie mit Tesafilm fest.

Ohne Floß nix los!

Heute ist wieder eine besondere Aktion angesagt. Wir bauen ein Floß und fahren einen ruhigen kleinen Fluss hinab. Oder wir paddeln über einen Teich. Eine Aktion für einen Familienausflug.

Normalerweise baut man ein Floß aus Baumstämmen oder aus Bambus. Nun können wir nicht extra für einen Familienausflug Bäume fällen. Und Bambus wächst in den Tropen. Sonst würden wir Bambus nehmen.

Wir behelfen uns mit Styropor und Brettern und mit dickem Bindfaden. Das ist billig, leicht, und alles ist schnell zusammengebaut. Genauso schnell ist es wieder auseinandergenommen. Und es kann erneut verwendet werden.

Ihr braucht 20 Platten Styropor von 2 Zentimeter Stärke. Stabiler, aber auch teurer ist *Styrodur*. Die Platten sind

100 Zentimeter lang und 50 Zentimeter breit. Ihr bekommt sie im Baumarkt. Und ihr braucht 4 Bretter von 2,5 Meter Länge und 8 Bretter von 1,5 Meter Länge. Außerdem braucht ihr 12 starke Bindfäden, jeder etwa 2 Meter lang. Legt 4 kurze Bretter parallel nebeneinander auf den Boden mit 60 Zentimeter Abstand. Quer darüber legt ihr parallel zwei der langen Bretter: Abstand 50 Zentimeter. Jetzt sieht es aus wie Abbildung 41.

Als Nächstes verteilt ihr die 20 Platten Styropor auf den Brettern. Gleichmäßig und eng aneinanderliegend.

Auf das Styropor legt die anderen 2 langen Bretter. Genau senkrecht über den unteren langen Brettern.

Das Gleiche macht ihr mit den 4 kurzen Brettern.

Jetzt nehmt ihr die 12 Bindfäden und schnürt die jeweils übereinanderliegenden Bretter unmittelbar neben dem Styropor **fest** zusammen. Aus Sicherheitsgründen kerbt ihr die Bretter vorher ein. Dann rutscht der Bindfaden nicht ab (Abb. 42).

Jetzt ist das Floß fertig. Was noch fehlt, sind die Paddel. Da genügt wieder ein langer starker Ast. Man sitzt in der Mitte und taucht den Stock abwechselnd links und rechts ins Wasser und »zieht« das Floß damit voran (Abb. 43).

Seid ihr mehrere Personen, dann hat jeder einen *kurzen* Ast. Die Hälfte der Mannschaft paddelt links, die andere Hälfte rechts.

> **Achtung!**
> *1. Wenn du nicht schwimmen kannst, trag immer deine Schwimmweste!*
> *2. Weil dieses Floß tausendmal leichter ist als ein Baumstammfloß, kippt es leicht. Am besten kniet oder setzt ihr euch hin.*

43

> **Übung:** Bastelt euch ein solches Floß schon zu Hause. Als kleines Modell. 20 Zentimeter lang.

Hängematte – das schnelle Bett

An warmen Tagen ist die Hängematte mein liebstes Bett. Sogar zu Hause. Ich habe in den Balken meiner Wohnung zwei stabile Haken. Da klinke ich die Matte ein, plumpse hinein – und alles ist paletti.

Entweder habt ihr eine echte Hängematte aus dem Handel. Oder wir improvisieren eine. Das geht so:

Legt die Bauplane von etwa 2 mal 3 Meter auf den Boden, rafft sie an den kürzeren Seiten zusammen. Faltet die letzten 20 Zentimeter einmal um. In den Knick legt ihr von innen vorher einen esslöffelgroßen Kieselstein. Oder ein Stückchen Holz. Dann umwickelt ihr den ungebogenen Zipfel zwischen Stein und nicht geraffter Plane mehrfach festmöglichst mit der 5 Millimeter starken Reepschnur oder starkem Seil und macht einen Chirurgischen Knoten und darauf zwei Einfache Schläge. Ein Ende der Reepschnur sollte nun kurz sein. Das andere noch 2 Meter lang. Denn damit befestigt ihr die Hängematte zwischen zwei Bäumen, die etwa 3 Meter auseinanderstehen. Die Hängematte darf nicht stramm gespannt werden. Sie muss durchhängen wie ein Halbmond. Wenn ihr euch hineinlegt, sollte sie nur noch 30 Zentimeter über dem Boden hängen.

Ihr glaubt gar nicht, wie schnell diese Hängematte gebaut ist und wie wohltuend es ist, nach langem Marsch die Füße etwas hochlegen zu können.

Wenn ihr lieber gerade ausgestreckt liegen möchtet, legt ihr euch einfach schräg (diagonal) in die Matte.

Gegen Regen spannt oder legt ihr die zweite Plane über euch (Abb. 44).

Wenn ihr in der Hängematte übernachten wollt, empfiehlt sich wieder eine Isomatte als Unterlage. Entweder die gekaufte oder ein dickes Graspolster. Sonst wird es von unten schnell kühl. Ihr selbst kriecht in einen Schlafsack oder eine warme Decke.

Achtung!
Zwei wichtige Regeln für Hängemattenschläfer:
1. Unter der Hängematte muss der Boden ganz eben sein. Frei von Steinen und Ästen.
2. Bevor ihr euch hineinlegt, testet im Sitzen, ob alle Knoten gut halten! Das ist ganz wichtig, damit ihr nicht abstürzt, falls einer der Knoten schlecht war.

44

Abseilen

Nun kommt schon wieder eine ganz tolle Sache. Diesmal beneidet euch nicht das Wildkaninchen, sondern die Spinne. Ihr lernt, euch abzuseilen.

Wozu braucht man diese Kunst? Zum Beispiel, um von einer glatten Steilwand im Gebirge wieder nach unten ins Tal zu gelangen. Eine glatte Wand, an der man nicht klettern kann. Oder wenn ein Haus brennt und ihr nur noch durchs Fenster fliehen könnt.

Für dieses Kunststück benötigt ihr das mindestens 20 Meter lange Bergsteigerseil, Handschuhe, den Karabiner und dicke Garderobe. Vor allem eine feste Jeans. Mit einer Badehose und einem Hemd geht das nicht.

Sucht euch einen Baum und legt das Seil genau mittig um den Baum herum.

Stellt euch über das Doppelseil und legt es wie in Abbildung 45 und 46 um den Körper.

> **Achtung!** Kragen hochklappen.
> Sonst verursacht das Seil Brandwunden!

Mit der rechten Hand haltet ihr das Seil mit angewinkeltem Arm vorne zusammen. Die linke Hand hält das lange Ende des Doppelseils. Der linke Arm muss immer seitlich ausgestreckt sein. Schaut euch genau die Handhaltung an! Haltet damit das Seil fest, während ihr so lange zurücktrippelt, bis das Seil stramm um den Körper liegt.

Wenn ihr alles richtig gemacht habt, fühlt ihr euch plötzlich, als säßet ihr in einem Sessel. Solange ihr die linke Hand geschlossen haltet, könnt ihr keinen einzigen Zentimeter mehr vom Baum weggehen.

Gegen das Nach-hinten-Kippen sichert euch die rechte Hand. Achtet auch noch darauf, immer mit gegrätschten Beinen zu stehen.

Jetzt lockert ihr die linke Hand, während ihr weiter versucht, euch vom Stamm zu entfernen. Auf einmal geht es. Sobald ihr die linke Hand wieder schließt, steht ihr erneut auf der Stelle. Lehnt euch bei diesen Versuchen immer bequem nach hinten gegen die »Sessellehne«.

Diese Art, per Seil abzusteigen, nennt der Bergsteiger »Dülfersitz«. Wenn euch meine Beschreibung nicht klar genug ist, geht in ein Geschäft, das Bergsteigerseile verkauft. Oft haben die sogar eine Kletterwand – eine ideale Übungsgelegenheit. Oder fragt mal wieder bei der Feuerwehr. Die Feuerwehrleute müssten das auch können.

Das höchste Glücksgefühl ist es, frei in der Luft hängend abzuseilen. Wie die besagte Spinne. Das übt man zunächst mit einer Leiter, die gegen eine Mauer oder einen Baum lehnt. Das Seil habt ihr oben um die höchste Sprosse der Leiter gelegt. Oder um einen dicken Ast. Es hängt gleichmäßig herab. Ihr klettert 5 Sprossen hinauf und legt das Seil, wie gelernt, stramm um den Körper.

Das Seil, das von oben kommt, fasst ihr wieder vorm Bauch mit der rechten Hand. Die ausgestreckte linke Hand hält das lose herunterhängende Ende.

Nun braucht ihr die Hilfe eurer Eltern, denn jetzt müssen sie euch vom Boden aus halten, wenn ihr langsam (!) von der Leiter zur Seite schwenkt, um schließlich waagerecht unter der Leiter zu hängen. Denkt dran: Die linke Hand **fest** ums Seil schließen!

Wenn ihr nun waagerecht und ganz ruhig hängt, lockert die linke Hand allmählich, und ihr werdet erstaunt feststellen, wie ihr ganz langsam tiefer gelangt. Das müsst ihr oft wiederholen. Dann könnt ihr auch mal 2 Leitersprossen höher klettern. Und irgendwann, wenn ihr größer seid, macht es keinen Unterschied mehr, ob man einen oder 20 Meter frei hängend abseilt! Dann muss das Seil nur entsprechend länger sein.

Jede Spinne, die euch dabei zuschaut, wird sagen: »Ich glaube, ich spinne!«

> **Tipp:** *Geht in einen Bergsteiger- oder Outdoor-Ausrüstungsladen. Fragt, ob sie eine Kletterwand haben. Dann lasst euch ein paar Klettertricks unter Anleitung des Fachverkäufers zeigen. Kostet nix und ist super.*

> **Achtung!** **Mit Kunstoffseilen nie *schnell* abseilen!**
> *Sie erzeugen große Hitze!*
> *Naturseile erhitzen nicht so schnell. Dafür sind sie weniger lange haltbar und schwer.*

Notunterkunft

Nicht immer hat man ein Zelt. Dann muss man als Abenteurer wissen, wie man warm, trocken und lebend über die Nacht kommt.

Mit eurem scharfen Messer schneidet ihr einen langen, geraden Stock ab. Er sollte mindestens 3 Meter lang sein und an einem Ende eine Astgabel haben. Die lehnt ihr in Brusthöhe gegen einen Baumstamm, wie es Abbildung 47 zeigt. Das ist euer Dachfirst.

Dann lehnt ihr von beiden Seiten viele andere gerade Äste schräg gegen den Dachfirst. Sie sollten den First um einen Meter überragen. Steckt sie unten ein wenig in den Boden. Sie bilden den Dachgiebel. Diese Äste müssen relativ steil gegen den First gelegt werden. Gut ist ein Winkel von 45 Grad. Sonst läuft das Regenwasser nicht schnell genug ab auf den Boden. Es regnet durch und ihr werdet nass.

Auf diese schräg verlaufenden Äste bindet ihr etwa 6 bis 8 Queräste in gleichen Abständen.

Wer keinen Bindfaden hat, nimmt Rinde oder feine elastische Äste der Weide (Abb. 49).

47

48

Bevor ihr nun das Dach deckt, müsst ihr euch eine warme Matratze schaffen. Legt ein dickes Polster aus Gras in eure kleine Liegestätte. Zur Seite hin und am Kopfende begrenzt die Matratze mit einem mindestens 10 Zentimeter dicken Holzstamm. Gegen das Wegrollen schlagt Pflöcke in den Boden. Oder legt Steine dagegen.

Nun kann das Dach gedeckt werden. Dazu braucht ihr **viele** belaubte Äste, Farne, Tannenzweige, lange Brennnesseln, langes Gras, Huflattich oder Ähnliches.

Ein Dach wird immer von unten nach oben gedeckt. Stellt also die belaubten Zweige oder Farne, über dem Boden beginnend, mit dem dicken Astende nach oben, gegen die Querleisten des Daches. Mehrere übereinander (wie ein dicker Strauß) und schön dicht beieinander. Damit sie nicht abrutschen, bindet sie am Dachgestell fest.

Wenn die unterste Reihe dieser »Dachpfannen« gelegt ist, kommt die zweite Reihe parallel darüber. Die zweite Reihe muss die erste Reihe um mindestens ein Drittel überlappen.

Abbildung 48 erklärt es euch mit zwei Händen. Auch hier müsst ihr manchmal mit Bindungen nachhelfen. Je dicker und dichter die belaubten Äste gepackt werden, desto sicherer seid ihr nachts, falls es regnet.

Solltet ihr doch noch im Besitz eurer Bauplane sein, dann könnt ihr die ganze Arbeit mit den Pflanzen als Dachbelag sparen. Statt ihrer werft ihr die Plane über den Dachfirst und spannt sie seitlich wie ein Giebelzelt ab.

Egal aber, welche der beiden Schutzhütten ihr nun gebaut habt: Sie halten nur den Regen und den Wind ab. Nicht aber die Kälte. Dagegen helfen euch die nächsten Tipps. Es sei denn, ihr habt einen Schlafsack. Dann braucht ihr den selbst gemachten »Isolationsanzug« nicht.

Jetzt seid ihr schlafbereit und krabbelt in eure Notunterkunft.

Das alles erfordert sehr viel Zeit. Deshalb ist es wichtig, schon am frühen Nachmittag mit dem Bau zu beginnen. Sobald es dunkel wird, ist es dafür zu spät und ihr müsst fürchterlich frieren.

Übung: *Damit ihr erkennt, wie wichtig ein* **steiles** *Dach ist, macht einen einfachen Versuch. Steckt einen glatten, dicken Ast (Besenstiel) senkrecht in den Boden und gießt von oben vorsichtig und langsam Wasser dagegen. Zum Beispiel aus einer Flasche. Es wird alles am Ast ablaufen in den Boden.*
Während ihr weiter Wasser auf den Ast gebt, drückt ihr ihn ganz langsam schräger. Immer noch wird das Wasser an ihm abfließen. Zwar läuft es bald unterhalb des Stieles ab, aber es tropft nicht schon vorher zu Boden.
Erst wenn ihr den Stock immer flacher zu Boden drückt, tropft das Wasser ab, bevor es den Boden erreicht.
So funktioniert euer Dach. Je steiler es ist, desto sicherer bewahrt es euch vorm Regen.

Isolationsanzug gegen Kälte

Es ist ein Notfall eingetreten. Euer Schlafsack ging verloren. Es wird Nacht und sehr kalt. Ihr wollt keinesfalls erfrieren. Dann müsst ihr euch schnell einen Isolationsanzug gegen die Kälte bauen.

Sofern vorhanden, zieht ihr zwei oder drei T-Shirts an und zwei bis drei Paar dicke Strümpfe. Weil zwischen den Hemden und Socken eine hauchdünne Luftschicht ist, wärmt das besonders gut. Denn Luft hat die gute Eigenschaft, Kälte nicht weiterzuleiten. Sie lässt die Kälte nicht hinein und eure Körperwärme nicht hinaus.

Dann bindet ihr eure Hosen und Ärmel an den Enden mit Bindfaden aus dem Überlebensgürtel zu. Stopft sie dick aus mit zerknülltem Papier. Zum Beispiel mit Zeitungen. Das Zerknüllen hat den Grund, viele kleine Lufträume zu schaffen.

Wenn ihr keine Zeitung oder anderes Papier habt, nehmt Heu, frisches Gras, Laub. Hauptsache, Beine und Arme sind möglichst dick und rundherum abgepolstert.

Zuletzt legt ihr dasselbe Polster rund um euer Hemd an. Steckt es vorher in die Hose. Füllt sowohl den Rücken als auch den Bauch mit Gras. Dann setzt eine Mütze auf. Denn über den Kopf verliert man besonders viel Wärme. Und zuletzt zieht eure Handschuhe an.

Spuren lesen

Jedes Lebewesen hinterlässt dort, wo es geht, Spuren. Besonders auf weichem Boden. Am leichtesten lassen sich die Spuren im Schnee erkennen. Deshalb ist Spurenlesen eine wunderbare Winterübung. Spurenlesen ist wie Bücherlesen.

Ihr seht es an den Fußabdrücken der Menschen. Der große

Schuhabdruck stammt von einem Erwachsenen, der kleine von einem Kind. Daneben lief ein Hund. Ums Haus schlich eine Katze. Das alles seht ihr bereits, wenn ihr aus dem Haus tretet.

Spannender ist es im Wald. Kaninchen, Marder, Eichhörnchen, Wildschweine, Hirsche und Vögel – man ist oft überrascht, wie viele verschiedene Tiere nachts den Weg passiert haben. Tiere, die man tagsüber eher selten zu sehen bekommt, weil sie sich vorm Menschen verstecken.

Es sind nicht nur die Fußabdrücke, die euch etwas verraten. Da gibt es auch den Kot der Tiere, die sogenannte Losung. Oder ihr findet verlorene Federn. Oder ihr seht eine abgestreifte Schlangenhaut (Abb. 50).

Die **zehn Beispiele** auf Seite 158 sollen euch helfen, Spuren zu lesen **(Kaninchen, Hase, Fuchs, Marder, Wildschwein, Reh, Hirsch, Eichhörnchen, Ente, Dachs)**.

Wenn euch das Thema Tierspuren besonders interessiert, schaut in eine Buchhandlung. Da werdet ihr viele ausführliche Beschreibungen finden.

50

Iglu

Auch im Winter gibt es Interessantes zu erleben. Mal ganz abgesehen von Skifahren und Rodeln, von Schlittschuhlaufen und Schneeballschlachten. Und zwar der Bau eines Iglus.

Der Iglu ist die Winterbehausung der Eskimos (sie selbst nennen sich übrigens Inuit). Wahrscheinlich denkt ihr, in einem Schneehaus muss es eisig kalt sein. Aber ihr werdet euch wundern. Es wird angenehm warm werden. Vor allem beim Bauen ☺!

Wenn ihr in einem Gebiet wohnt, wo es Schnee in Massen gibt, braucht ihr nur ein großes Schneemesser. Das ist ein flaches, leichtes Brett, das in einen Stiel endet, damit ihr damit arbeiten könnt, wenn ihr die Schneeblöcke, wie riesige Ziegelsteine, aus dem Schnee herausschneidet.

Wer nur wenig Schnee hat, kann sich anders behelfen. Er besorgt sich eine rechteckige große Plastikwanne. Oder er macht sich eine Holzkiste. Ungefähre Maße: 40 x 30 x 30 Zentimeter. Es ist wichtig, dass die Kiste innen glatt und zur Öffnung hin ein wenig *konisch* ist. Das heißt, am Boden ist sie schmaler als an der Öffnung. Dann fällt der gepresste Schnee leichter heraus (Abb. 51).

Mit einem Schneeschieber fegt man sich nun den erforderlichen Schnee zusammen und presst ihn fest in die Wanne. Am einfachsten lässt sich der Schnee auf einem gefrorenen See zusammenschieben.

Wenn der Schnee nicht gut genug zusammenklebt, gießt ein bisschen Wasser auf den Schnee in der Wanne.

Von solchen Schneeblöcken macht man mindestens 70 Stück. Das ist wahnsinnig viel Arbeit. Deshalb ist Iglu-Bauen eine Tagesarbeit für die ganze Familie.

Wenn ihr noch sehr jung seid und euch die Blöcke zu schwer sind, halbiert sie mit dem Schneemesser einfach von oben nach unten. So, wie man ein Brot in der Mitte durchschneidet.

Jetzt zeichnet ihr auf dem Boden einen Kreis. Bei einem kleinen Zwei-Personen-Iglu genügt ein Durchmesser von 2 Metern. Auf diesen Kreis legt ihr einen Schneestein neben den anderen. Schön eng aneinander und mit losem Schnee verputzt, dass man die Nahtstellen kaum noch sieht. Natürlich macht ihr das alles mit dicken Handschuhen.

Es ist empfehlenswert, einen Iglu mindestens zu zweit zu bauen. Eine große Person steht innerhalb des Iglus. Die andere draußen. Sie reicht dem Baumeister im Iglu

52

die Blöcke an. Der setzt sie fest aufeinander und stützt sie einen Moment, damit sie aneinanderfrieren. Dann verputzt er sie mit losem Schnee und setzt den nächsten Block (Abb. 52).

Wenn ihr zwei Reihen der Schneeblöcke **über**einander verlegt habt, setzt ihr jede weitere Reihe um etwa 10 Zentimeter nach *innen*. So, dass die Kreise immer kleiner werden und sich allmählich eine Kuppel bildet. Wie ein halbierter Fußball.

Es vereinfacht die Arbeit, wenn man die Blöcke ein wenig konisch zurechtschneidet. Das heißt: Vor euch liegt ein Schneestein, von dessen Seitenflächen ihr eine schräge Scheibe abschneidet

Zuletzt bleibt oben eine runde Öffnung. Für sie macht ihr einen großen runden Schneeblock. Wie einen dicken Topfdeckel. Der Erwachsene, der innen steht, nimmt ihn entgegen, und während er die Platte über seinem Kopf hält, taucht er langsam nach unten weg und die Platte verschließt den Iglu (Abb. 53).

Vorher schon hat ein Außenstehender mit dem Schneemesser eine kleine Türöffnung in die Wand geschnitten.

Der Iglu ist fertig und der gefangene Bauherr kann ins Freie kriechen.

53

Die Türöffnung verschließt man mit einem mehrfach gefalteten Tuch.

Wenn man nun in dem Iglu übernachten will, ist es zunächst kühl. Da Schnee genauso gut isoliert wie Papier, bleibt aber die Wärme, die eure Körper abstrahlen, im Iglu gefangen und erwärmt ihn. Zündet ein Teelicht an. Das erhöht die Wärme noch mehr. Ganz allmählich bildet sich dann sogar Schwitzwasser an der Innenkuppel, das aussieht wie eine Glasschicht, wenn es gefroren ist.

Um die Wasserbildung zu verringern, schnitzt man mit einem normalen Messer ganz vorsichtig oben seitlich ein faustgroßes Loch in die Wand, durch das der ausgeatmete Wasserdampf abziehen kann.

Zum Schlafen braucht ihr als Unterlage natürlich wieder eure Isomatte oder mehrere Schichten Pappe oder Garderobe. Sie halten die Kälte ab und vermeiden, dass eure Körperwärme den Schnee schmelzen lässt und ihr im Wasser liegt.

Wenn ihr innen eine Lampe oder Kerzen anmacht, sieht es nachts von außen wunderschön aus. Wie eine goldene Märchenkuppel mitten in der dunklen Nacht.

Warnung: Schnee ist unglaublich schwer. Deshalb baut den Iglu nie allein, sondern immer mindestens zu zweit, damit ihr einander helfen könnt, falls euer Bauwerk einmal einbrechen sollte.

Übung: Baut euch einen Mini-Iglu von nur 50 Zentimeter Durchmesser. Das geht innerhalb einer Stunde. Nicht um darin zu schlafen, sondern um das Prinzip zu erproben. Die Schneesteine, die ihr dafür benötigt, formt mit der Hand und einem Messer oder macht den Iglu aus Knetmasse.

Teich

Hast du auch schon mal träumend auf das Wasser eines Sees, eines Teiches oder eines Flusses geschaut? Hast du die Fische beobachtet, die Frösche oder die Libellen? Warst du vielleicht auch ein wenig traurig, wenn es hieß, »So, nun müssen wir nach Hause«?

Mit der Freude am eigenen Teich ist die erste Voraussetzung gegeben. Die zweite ist: Ihr müsst ein eigenes Grundstück haben mit einem Garten.

Meist haben solche Gärten in der Mitte eine große, eher langweilige Rasenfläche. Jetzt stell dir vor, du verzauberst den Rasen in einen eigenen kleinen Teich, mit Wasserpflanzen, Pfefferminze, Fischen und Fröschen, auf dem Enten landen und wo Vögel ihren Durst stillen.

Womöglich ist er sogar ein wenig größer, fast ein See, mit einen Steg, an dem du ein Boot liegen hast. Mit einer Insel, auf der du mit deinen Freunden übernachten kannst.

Teiche waren für mich immer ein ganz besonderes Schaustück, ein Mittelpunkt in meinen Gärten, eine erweiterte Wohnung. Sie machen aus einem noch so kleinen Garten etwas ganz Besonderes. Gleichzeitig ist es dein Beitrag zum Naturschutz, der nicht einmal viel kostet.

Das Interessanteste aber ist, dass es babyleicht ist, einen Teich selbst zu bauen.

Mit einem Seil deutet ihr an, wie groß der Teich werden soll. Dann beginnt ihr zu graben. Markiert den Umfang mit dem Spaten und nehmt das Seil wieder beiseite. Bei einem größeren Teich müsst ihr eine Schubkarre zu Hilfe nehmen.

Mit der rausgeschaufelten Erde gestaltet ihr an der dem Haus abgewandten Seite einen Wall. Nicht so stur und gerade wie eine Mauer, sondern geschwungen und sanft wellig.

Das meiste vom späteren Teich soll Flachwasser sein. Aber

ganz wichtig ist eine ausreichend große und tiefe Stelle. Mindestens einen Meter tief. Nur dann ist sicher, dass im Winter nicht alles bis zum Grund des Teiches durchfriert und sämtliche Fische sterben müssen.

Wenn die Teichgrube fertig ist, wird alles schön geharkt. Spitze Steine werden rausgesammelt und eine oder zwei Lagen alter Teppiche reingelegt. Die muss man sich rechtzeitig vom Sperrmüll beschaffen. Sonst aber geht ihr zu einem Gartengestalter (Branchenbuch) und kauft eine solchem Teppich entsprechende Filzunterlage. Sie oder der kostenlose Teppich sorgen dafür, dass später keine Baumwurzeln oder spitze Steine, die ihr übersehen habt, durch die Teichfolie wachsen und den Teich undicht machen.

Über alles wird nun die Teichfolie gelegt. Sie sollte schön dick sein und locker aufliegen. Nehmt nicht die billigste. Folie gibt es beim Landschaftsgestalter oder in den Baumärkten.

Wie groß die Folie sein muss, lässt sich ganz einfach ausrechnen. Man legt die Teichgrube mit einem Seil aus. Einmal kreuz, einmal quer, und misst jedes Mal, wie viel Seil im Teich gelegen hat. Dann rechnet man in der Länge und in der Breite noch jeweils einen Meter hinzu, damit die Folie später am Teichrand schön überlappt und nicht zu kurz ist.

Wenn die Folie liegt (Schuhe ausziehen beim Verlegen!), werden 10 Zentimeter reiner Sand darüber verteilt. Man darf von der Folie nichts mehr sehen. Sonst wirkt das unnatürlich. Nehmt aber nicht den ausgehobenen Mutterboden dafür, sondern Sand oder Kies, den man im Baustoffhandel kaufen kann. Mutterboden darf man dafür nicht nehmen. Er macht das Wasser trübe, lässt sehr schnell unerwünschte Pflanzen darin wachsen und alles zuwuchern. An diese 10 Zentimeter müsst ihr aber schon denken, wenn ihr die Grube aushebt! Also: lieber 10 Zentimeter tiefer graben!

Um den Teich hübsch und natürlich zu gestalten, werden am Ufer dicke Steine auf die Folienkanten gelegt, die ihr im Laufe der vorangegangenen Wochen schon in der Landschaft eingesammelt habt. Oft liegen sie am Rande der Felder. Die meisten Bauern werden sie auch gern umsonst abgeben. Nehmt auf jeder Fahrt mit eurem Auto rechtzeitig einen oder zwei mit. Wenn man sie kaufen muss, sind sie teuer.

In der Mitte des Teiches könnt ihr einen durchlöcherten schwarzen Plastikeimer mit einer Seerose aufstellen. Jeder Teichbesitzer, der Seerosen hat, wird euch kostenlos eine abgeben. Denn sie wuchern, wenn sie erst einmal angegangen sind, wie Unkraut.

Am Ufer pflanzt ihr ein paar Stauden Schilf, Rohrkolben, Pfefferminze. Das Wasser leitet ihr von der Regenrinne eures Hausdaches und des Fallrohrs in den Teich. Dann ist er immer voll. Und zu allerletzt setzt ihr ein paar Fische hinein. Da berät euch der Zoohändler.

Und zu ganz allerletzt schickt ihr uns ein Foto von eurem Werk. ☺

Fotos: re-natur.de

Übung: Baut euch ein Miniteich-Modell! Zu Hause am Küchentisch. Dazu besorgt ihr euch ein Stück Styropor aus dem Baumarkt. Sagen wir, eine Platte von 100 Zentimeter Länge, 50 Zentimeter Breite und 2 Zentimeter Stärke. Wie jene, die ihr für den Floßbau verwendet habt. Diese Platte halbiert ihr und legt die Hälften aufeinander. Steckt sie mit 4 Zahnstochern an den Ecken zusammen. Nun ist das vor euch liegende Teil 50 x 50 x 4 Zentimeter groß. Unter alles legt eine stabile Pappe oder ein Brett.
Zeichnet in die Mitte der Oberfläche einen Teich. Nicht kreisrund, sondern hübsch geschwungen. Mit einem Messer wird der Teich nun ausgeschnitten. Sanft schräg zur Mitte hin. In der Mitte legt ihr eine tiefe Stelle an. Sie geht durch beide Styroporteile hindurch.
Jetzt legt eine Plastikfolie hinein. Oben steht die Folie rundherum über. Schneidet alles schön passend und streicht die Folie mit Plakafarbe hellbraun an. Das soll den Sand darstellen. Ans Ufer legt Kieselsteine, einen abgestorbenen »Baum«, kleine verzweigte Äste, die die Büsche darstellen. Dann füllt ihr den Modellteich mit Wasser.
Modelle sind die beste Übung, um später beim richtigen Teich unnötige Fehler zu vermeiden.

Schwitzhütte

Eine schöne Übung ist der Bau einer Schwitzhütte. Vor allem dann, wenn es so richtig kalt ist. Sie ist etwas sehr Gesundes. Abwechselnd heizt man den Körper auf, bis man die Hitze nicht mehr ertragen kann. Und dann kühlt man ihn wieder ab im kalten Wasser. Deshalb baut die Hütte nahe am Bach oder am See, weil ihr nach jedem Schwitzgang baden sollt. Ist der See zugefroren, hackt ihr am Ufer an einer niedrigen Stelle ein Loch ins Eis.

Eine solche Kur stärkt euren Kreislauf und macht euch immun gegen Erkältungen.

Für die Schwitzhütte braucht ihr 6 bis 8 lange, gerade Holzstangen. Jede etwa 4 Meter lang. Außerdem benötigt ihr 2 Beutel Holzkohle oder Holzkohle-Briketts, viele kopfgroße Steine, einen Topf voll Wasser, eine Leiter und natürlich wieder Handschuhe.

Ihr sucht einen Baum, der in 3 Meter Höhe einen Ast hat. Wo der Ast aus dem Stamm ragt, lehnt eure Stangen an. Und zwar so, dass sie unten einen Kreis von etwa 2 ½ Meter Durchmesser bilden und oben vor dem Baumstamm eine gemeinsame Spitze (Abb. 54).

Über die Stangen werft ihr eine Bauplane. Besser ist es, wenn ihr zwei nehmt. Denn die Luftschicht zwischen den Planen ist ein guter Isolator. Sie lässt die warme Luft

54

nicht nach draußen und die kalte nicht hinein. Vielleicht habt ihr viele alte Zeitungen. Dann legt sie zwischen die beiden Planen.

An der Spitze lasst eine faustgroße Öffnung.

Auch unten am Boden lasst ein paar kleine Öffnungen, damit mögliche Restabgase der Glut abziehen können. Zwischen den Löchern beschwert die Plane mit Steinen, Schnee oder Erdreich.

Am Eingang müssen die Planen reichlich überlappen, damit beim Rein- und Rausgehen nicht unnötig viel Kälte hineingelangt.

In der Mitte der Sauna formt ihr einen Kreis aus den dicken Steinen. Schön dicht bei dicht. Außen kann er 60 Zentimeter im Durchmesser haben. Darin entzündet ihr ein kleines Holzfeuer. So wie es im Kapitel »Feuer« steht. Natürlich alles sehr vorsichtig, damit nicht gleich die ganzen Planen wegschmoren. Die Flammen müssen klein bleiben und dürfen die Planen nie berühren!

Während des Feuermachens lasst ihr den Eingang offen, weil das Feuer Luft zum Brennen benötigt. Ohne frische Luft (den darin enthaltenen Sauerstoff) brennt nämlich kein Feuer.

Merke: *Ein Feuer brennt umso schneller, je mehr Luft man ihm zufächelt. Schon beim einfachen Hineinblasen werdet ihr sehen, um wie viel besser es brennt.*

Wenn das Holz gut brennt, schüttet die 2 Beutel Holzkohle darauf. Verteilt sie schön gleichmäßig und fächelt ihnen Luft zu. Wartet, bis sie schön rot glühend ist.

Während das geschieht, arrangiert eure Sitzplätze. Zum Beispiel bequeme Steine oder Handtücher.

Jetzt hockt euch hinein, nur mit einer Badehose bekleidet, schließt die Hütte und genießt die Wärme. Die Steine sind jetzt glühend heiß. Seid also vorsichtig. Macht jede Bewegung sehr behutsam, damit ihr niemals ausrutscht und auf die Steine oder ins Feuer fallt. Deshalb betretet die Hütte nie allein. Immer nur gemeinsam mit Vater oder Mutter.

> **Achtung!** *Sollte es doch einmal zu einem Unfall kommen und ihr euch verbrennen, dann stürzt sofort ins kalte Wasser. Zögert keinen Augenblick.*

Sehr bald werdet ihr stark schwitzen. Ihr könnt die Aufheizung beschleunigen, wenn ihr hin und wieder eine Tasse Wasser auf die glühend heißen Steine kippt.

Ihr werdet staunen, wie lange ihr es anschließend im kalten Wasser aushaltet! Wenn die Kälte unerträglich wird, setzt euch an die frische Luft.

Sobald es euch auch dort wieder kühl wird, kehrt zurück in die Schwitzhütte. Bis ihr genug habt.

In der Schwimmhalle

Wenn es draußen kalt und ungemütlich ist, könnt ihr die Freizeit besser in einer Schwimmhalle nutzen. Sie ist geheizt, das Wasser ist warm.

Ich gehe davon aus, dass ihr noch nicht schwimmen könnt. Das werdet ihr jetzt lernen. Entweder von euren Eltern oder vom Bademeister im Schwimmunterricht.

Wenn ihr nämlich schwimmen könnt, eröffnet ihr euch eine spannende zusätzliche Abenteuer-Welt. Außerdem ist Schwimmen gut für die Gesundheit.

Ob Nichtschwimmer oder Schwimmer:

Immer müsst ihr im Wasser vorsichtig sein. Nie darf man es unterschätzen. Es ist ungeheuer stark und draußen in der Natur ist es meist auch noch kalt. Es gibt Strömungen und Strudel, die euch unter Wasser ziehen können. Ihr könnt einen Krampf im Bein bekommen oder die Kräfte können euch verlassen. Deshalb ist es gut, wenn ihr euch ganz langsam mit dem Wasser vertraut macht.

Als Allererstes lernt ihr die Baderegeln! Ihr müsst sie auswendig können. Denn sie sind total wichtig. Wer sie missachtet, der läuft Gefahr zu ertrinken.

Baderegeln

1. Geh niemals mit vollem oder leerem Magen ins Wasser! Sonst bekommst du Krämpfe und Schmerzen, verlierst die Kontrolle über deinen Körper und kannst ertrinken.

2. Kühl dich ab, bevor du ins Wasser gehst. Das heißt: Mach Brust und Kopf mit kaltem Wasser nass, damit sich dein Herz auf den bevorstehenden Temperaturunterschied vorbereiten kann.

3. Solange du nicht schwimmen kannst, geh immer nur so tief ins Wasser, dass es dir bis zur Brust reicht.

4. Sobald du frierst, verlass das Wasser und trockne dich ab. Sonst lässt deine Reaktionsschnelligkeit nach und deine Kraft.

5. Spring niemals in unbekannte Gewässer! Sie bergen Gefahren in Form von Steinen, alten Pfählen und anderen Hindernissen. Geh also vorher zu Fuß hinein und kontrolliere es sehr genau. Spring nur dann ins Wasser, wenn es auch tief genug ist. Sonst triffst du mit voller Sprungwucht auf den Boden und kannst dich tödlich verletzen.

6. Schwimm nicht durch sumpfige und pflanzendurchwachsene Gewässer. Schlingpflanzen können dich umwickeln und am Fortkommen hindern. Sie ziehen dich plötzlich zurück, und du glaubst, sie wollten dich unter Wasser ziehen. Das tun sie natürlich nicht. Aber man gerät schnell in Panik. Wenn du eine dieser Pflanzen an deinem Körper spürst, leg dich auf den Rücken und streif die Pflanze langsam ab.

7. Schwimm niemals dort, wo Schiffe fahren! Die Schiffsbesatzung sieht den kleinen Kopf des Schwimmers nicht. Außerdem sind Schiffe schnell und du kannst ihnen oft nicht ausweichen. Sie erzeugen hohe Wellen. Ihre Schiffsschrauben sind supergefährlich.

8. Meide weiträumig Schleusen, Buhnen, Brückenpfeiler, Wasserfälle und Wehre. Dort und auch in fließenden Gewässern entstehen starke Strömungen und Strudel. Sie reißen dich ins offene Fahrwasser oder ziehen dich unter Wasser. Gegen sie hast du kaum eine Chance.

9. Wenn dich ein Strudel unter Wasser zieht, dann hast du nur eine einzige Chance! Stell dir den Strudel vor wie einen Trichter. Das Wasser dreht sich im Kreis. Oben ist er weit, nach unten wird er spitz. Gegen die oberen Kräfte bist du ziemlich machtlos. Aber je mehr du nach unten gezogen wirst, desto weniger Kraft hat der Strudel. Du musst nur abwarten, bis die Kreiselbewegung ganz klein geworden ist oder du den Boden berührst. Dann stößt du dich am Boden ab und tauchst wieder auf. Gerade wegen dieser Übung ist es wichtig, dass du auch die Kunst des Tauchens gut beherrschst.

10. Schwimm niemals ohne deine Eltern am Meer, wo es Ebbe und Flut gibt. Die Ebbe setzt ganz plötzlich ohne Vorwarnung ein und zieht dich hinaus aufs Meer. Auch ein Meisterschwimmer kommt gegen die Kraft der Ebbe-Strömung nicht an.

11. Überschätz niemals deine eigenen Kräfte und dein Können! Wenn du um dein Leben kämpfen musst, sind die Kräfte bereits nach einer einzigen Minute verbraucht.

12. Verlass dich niemals auf Schwimmhilfen, aus denen die Luft entweichen kann (Luftmatratze, Autoschlauch, Gummitiere ...)! *Wenn* Schwimmhilfen, dann solche aus einem Material, das sich nicht mit Wasser vollsaugen und dann untergehen kann.

13. Verlass bei Gewitter sofort das Wasser! Blitze und starke Wellen sind gefährlich.

14. Nimm Rücksicht auf andere Badende! Vielleicht sind sie unsicher im Wasser und geraten in Panik.

15. Verunreinige niemals ein Gewässer! Auch nicht mit Pinkeln! Badewasser sind keine Toiletten. Auch dann nicht, wenn es niemand sehen kann.

16. Ruf niemals um Hilfe, wenn du nicht wirklich in Gefahr bist! Sonst rettet dich niemand, wenn du wirklich einmal Hilfe brauchst.

17. Hilf anderen, wenn Hilfe nottut. Aber sichere dich gut ab, damit du nicht dabei umkommst. Wirf Ertrinkenden eine Schwimmhilfe zu oder versuche, sie mit einem Seil oder deiner Hose herauszuziehen. Ruf die Feuerwehr: Telefon 112.

18. Sobald du schwimmen kannst, leg deine erste Schwimmprüfung ab. Das ist das »Seepferdchen«. Da lernst du alle diese Regeln ganz genau.

»Seepferdchen« und »Freischwimmer«

Das »Seepferdchen« ist die erste Schwimmprüfung, die ein junger Mensch ablegen kann. Sie zeigt ihm, was er kann und was er noch nicht kann. Denn es ist lebensgefährlich, wenn man sich und seine Kräfte überschätzt. Wasser ist immer stärker als der Mensch. Außerdem macht es tierischen Spaß, unter Anleitung des Schwimmmeisters und anderer Kinder die vielen kleinen ersten Schwimmtricks zu erlernen. Und es wird euch mit Stolz erfüllen, wenn ihr die Seepferdchen-Prüfung bestanden habt. Dann bekommt ihr eine Urkunde und könnt ein Stoff-Seepferdchen auf die Badehose nähen.

Je nachdem, ob ihr eine »Wasserratte« werdet oder nicht, könnt ihr später weitere Prüfungen ablegen. Zum Beispiel den »Freischwimmer«. Oder ganz später, wenn ihr erwachsen seid, den »Rettungsschwimmer«.

Was muss man denn können, um ein echtes Seepferdchen zu werden? Das ist gar nicht schwer.

So müsst ihr zum Beispiel vom Beckenrand ins Wasser springen und 25 Meter schwimmen. Dann müsst ihr ohne Brille aus schultertiefem Wasser mit den Händen einen Gegenstand heraufholen. Und ihr müsst natürlich die Baderegeln kennen.

Für den »Freischwimmer« (oder *Deutsches Jugendschwimmabzeichen* in Bronze«) müsst ihr schon einiges mehr beherrschen. Jetzt müsst ihr schon 200 Meter in höchstens 15 Minuten schaffen. Ihr müsst während des Schwimmens (ohne Brille) 2 Meter tief tauchen und einen Gegenstand heraufholen. Außerdem müsst ihr vom Ein-Meter-Brett springen, die Baderegeln kennen und etwas über Selbstrettung wissen.

Selbstrettung im Wasser

Ihr habt gelernt, wie gefährlich Wasser sein kann. Aber auch, wie reizvoll es ist, schwimmen zu können und das Wasser für das Vergnügen und den Sport zu nutzen. Wer schwimmen kann, dem stehen ja noch viele andere Abenteuer offen. Der kann Fahrten mit Booten auf Flüssen, Seen und dem Meer machen. Der kann Wasserski fahren und surfen, wenn er älter ist. Aber nur der Vorsichtige wird auch uneingeschränkten Spaß haben. Zu schnell kann etwas passieren. Dann ist es ganz wichtig, ein paar Selbstrettungsmaßnahmen zu kennen.

Zunächst gehören die Baderegeln dazu. Sie schließen schon mal viele mögliche Unglücke aus. Das heißt, sie können gar nicht passieren, weil ihr vorsichtig seid. Aber es gibt noch andere Gefahren.

Gefährlich sind zum Beispiel Krämpfe. Von einer Sekunde auf die andere verspürt man plötzlich einen gewaltigen Schmerz im Bein, Magen oder in den Fingern. Das geschieht, wenn man untrainiert oder zu lange im Wasser ist. Oder wenn man mit leerem oder vollem Magen ins Wasser geht.

Der Schmerz ist so heftig, dass man meint, nicht mehr schwimmen zu können und ertrinken zu müssen. Man kann sich kaum noch bewegen.

Für alle Krämpfe gilt die Regel: Ruhe bewahren! Das ist jedoch leichter gesagt als getan. Deshalb übt das richtige Verhalten im Beisein eurer Eltern schon dann, wenn ihr *keinen* Krampf habt. Zunächst an Land und dann im flachen Wasser und schließlich im tiefen.

Der Wadenkrampf befällt den Unterschenkel. So weh es auch tut: Überstreckt die Muskeln wie in Abbildung 55. Beim **Oberschenkelkrampf** muss der Unterschenkel kräftig gegen den Oberschenkel gezogen werden (Abb. 56).

Beim **Magenkrampf** müsst ihr Unterschenkel **und** Oberschenkel (wie in der Hocke) gegen den Bauch ziehen und ruckartig strecken (Abb. 57 und 58)

Beim **Fingerkrampf** ballt die Hand zur Faust. Dann öffnet sie ruckartig und spreizt die Finger weit auseinander.

Solltet ihr mit einem **Boot kentern**, haltet euch daran fest. Es ist eure rettende Insel. Schaut nach, ob auch die anderen Mitfahrer sich daran festhalten. Wenn das Ufer nah ist, schwimmt mit dem gekenterten Boot ans Ufer. Wenn das Ufer weit entfernt ist, haltet euch daran fest, bleibt, wo ihr seid, und wartet auf Hilfe.

Hinweis:
Die grüne Linie soll die Wasseroberfläche darstellen.

Selbstrettung aus dem Eisloch

Eine sehr große Gefahr birgt das Eis. Geht nie auf zu dünnes Eis. Vor allem nie, wenn sich noch keine anderen Personen auf dem Eis befinden.

Wenn sich unter dem Eis unsichtbar ein Fluss hindurchschlängelt, besteht über dem Flussverlauf eine besonders große Gefahr einzubrechen.

Wenn ihr hört, dass das Eis knackt, dann geht sofort ruhigen Schrittes zurück ans Ufer. Noch besser ist es, wenn ihr euch hinlegt und kriechend ans Ufer zurückkehrt.

Das Einbrechen geschieht oft blitzartig schnell. Noch im Fallen breitet möglichst die Arme aus, damit ihr nie unter das Eis geratet. Die ausgebreiteten Arme und die Garderobe verhindern weitestgehend, dass ihr untergeht.

Jetzt versucht, den Oberkörper aufs Eis zu legen. Möglichst in die Richtung, aus der ihr gekommen seid, weil das Eis euch dort bisher getragen hat (Abb. 59 bis 61).

Nun versucht, mindestens einen Fuß auf die Eisfläche hinter euch zu legen. Mit diesem Fuß drückt ihr euch vorsichtig ab und schiebt den Oberkörper weiter aufs Eis.

> **Achtung!** *Jetzt aber nicht aufstehen, sondern liegend und kriechend in Richtung Ufer bewegen. Wenn ihr liegt, verteilt sich das Körpergewicht auf eine große Eisfläche. Die wird euch tragen. Wenn ihr steht, liegt das gesamte Gewicht nur auf den zwei Punkten unter den Füßen. Dann brecht ihr schneller ein.*

Sollte das Eis unter eurem Gewicht immer wieder brechen, dann brecht euch mit den Ellenbogen durch in Richtung Ufer. Macht das zügig, bevor die Kälte den Körper lähmt.

Wollt ihr jemanden retten, der ins Eis eingebrochen ist, schiebt etwas Großflächiges (Brett) vor euch her, auf das ihr euer Gewicht verteilt, auf dem ihr vielleicht sogar stehen könnt. Ideal ist eine Leiter. An manchen Gewässern sind sie für die Rettung vorhanden.

Fuß

61

Kurz bevor man den Verunglückten erreicht, haltet ihm eine Jacke, ein Hemd oder einen dicken Ast hin. Dann zieht ihn raus.

Fasst ihn nur dann mit den Händen an, wenn ihr sicher auf der Leiter steht und stark genug seid. Sonst besteht die Gefahr, dass euch der Eingebrochene in seiner Todesangst mit ins Loch zieht.

> **Übung:** Die Eisrettung kann man auch im Sommer sehr gut üben. Zeichnet Ufer und Eisloch in den Sand. Einer von euch legt sich ins »Loch«. Die Retter nähern sich nun auf Knien und gestützt auf die Leiter dem Loch, reichen dem »Eingebrochenen« die Jacke (und wenn sie stark genug sind, die Hände) und ziehen ihn zu sich auf die Leiter. Ihr werdet sehen: Das ist ganz schön schwer.

Der kleine Kunstschwimmer

So, nun kennt ihr die Baderegeln und die der Selbstrettung. Dann schlage ich euch zwei Übungen vor, die ihr mithilfe eurer Eltern in einer Wassertiefe übt, wo jeder noch stehen kann.

»Toter Mann« solltet ihr beherrschen, weil man dann erfährt, dass man notfalls auch ohne kräfteraubende Schwimmbewegungen lange an der Wasseroberfläche bleiben kann. Das mag sehr schnell nötig werden, wenn euch die Strömung vom Land fortgezogen hat und ihr lange auf Rettung warten müsst. Mit »Toter Mann« seid ihr euer eigenes »Schiff«.

Legt euch mit dem Rücken und ausgebreiteten Armen waagerecht aufs Wasser und atmet so viel Luft wie möglich ein. Dann haltet die Atmung an. Jetzt wirkt die eigene Lunge wie eine Schwimmblase. Sie hält euch an der Oberfläche wie ein Rettungsring. Weil ihr nun mucksmäuschenruhig liegen bleibt, könnt ihr die Luft sehr lange anhalten. Wenn ihr erneut einatmen müsst, atmet *schnell* aus und *sofort* erneut *tief* ein.

Anfangs, wenn ihr noch unsicher seid, kann euch ein Erwachsener von unten leicht mit seiner Hand stützen. Aber sehr schnell kann man das dann auch ohne fremde Hilfe und sehr lange.

Ihr seid perfekt, wenn ihr es eine Viertelstunde schafft. Und wenn ihr es im Süßwasser beherrscht, könnt ihr es erst recht im Meereswasser, weil Salzwasser viel besser trägt als Süßwasser.

Für eine andere interessante Übung braucht ihr ein Oberhemd. Es muss stabil sein, nicht zu eng, darf keine Löcher haben und wird nicht bis ganz oben zugeknöpft. Steckt es in die Hose.

Oder zieht statt des Hemdes einen Overall an. Auch ihn darf man nicht ganz schließen.

Taucht einmal kurz unter, damit alles nass ist. Dann wird es fast luftdicht.

Die erste Übung macht ihr in einer Tiefe, wo das Wasser nur bis zur Brust reicht.

Klappt den Kragen hoch und zieht ihn mit beiden Händen stramm an den hinteren Hals. Hemd oder Overall müssen vorn so weit geöffnet sein, dass ihr mit dem Kopf beim Ausblasen der Luft unter dem Arm hindurchblasen könnt.

Jetzt atmet ihr tief ein. Zum Ausatmen legt euch bäuchlings waagerecht aufs Wasser und blast die Luft unter Wasser mit voller Wucht unters Hemd, unterm Arm hindurch. Der Kragen muss dabei immer stramm am Hals bleiben, damit die Luft nicht entweichen kann. Das Blasen kann man dreimal wiederholen.

Wenn ihr alles richtig macht, bildet sich unter dem Hemd (oder dem Overall) auf dem Rücken eine Luftblase. Sie wird euch bequem tragen, wenn ihr nun senkrecht im Wasser steht (Abb. 62). Diesmal ist dann das Hemd oder der Overall euer »Schiff«.

Wie gut das funktioniert, werdet ihr merken, sobald ihr die Beine anwinkelt, keinen Kontakt mehr zum Boden habt und wenn ihr dennoch schwimmt.

Je nach Eignung des Hemdes oder Overalls wird die Luft allmählich entweichen. Dann muss man nachblasen.

Auch diese ist eine wichtige Übung, die euch zeigt, wie man sich im Notfall lange ohne Kraftvergeudung an der Wasseroberfläche halten kann.

Ein schöner Wintertag

Es hat geschneit. Draußen ist alles weiß. Sogar auf den kahlen Ästen liegt Schnee. Es sieht wunderschön aus.

Damit eröffnen sich für euch viele Möglichkeiten, etwas Neues kennenzulernen. Bleibt nicht, wie die meisten Menschen, zu Hause und schimpft über das Wetter. Es gibt kein schlechtes Wetter. Es gibt nur falsche Garderobe.

Das heißt, ihr zieht euch entsprechend an und nehmt euch Zeit, diese neue Welt zu erkunden.

Vor euer Fenster hängt ihr Vogelfutter. Möglichst verschiedene Sorten. Ihr mögt ja auch nicht immer nur Spinat. Sehr bald werden sich viele bunte Vögel daran erfreuen, und ihr seht, was da alles um euch herum an Vögeln lebt. Manche würden normalerweise nie zu eurem Haus kommen. Wenn ihr nicht wisst, wie sie heißen, kauft euch ein Vogelbestimmungsbuch. Es gibt sie in allen Preislagen.

Besonders reizvoll ist, ein eigenes Vogelhaus zu bauen. Eine Bodenfläche, vier Pfosten, ein Dach. Eine schöne Bastelarbeit für den winterlichen Tag.

Abgesehen von der üblichen Schneeballschlacht, dem Schneemannbauen, dem Rodeln und Skifahren, könnte man hinaus in die Natur und Tierspuren lesen (Kapitel »Spuren lesen«). Oder ihr baut einmal eine Schneefrau. Oder eine Schneeschildkröte.

Man kann ein Feuer im Schnee machen, sich den Tee ohne Topf bereiten, das Stockbrot backen. Man kann den Iglu bauen, die Schwitzhütte bauen oder sogar im Schnee unter dem Planendach übernachten.

Um die Angst vor der Kälte zu verlieren, kann man in einem kleinen Bach, solange er nicht zugefroren ist, baden. Das härtet ab und ist gut gegen Erkältungen. Anschließend zieht man sich wieder schön warm an oder setzt sich ans Feuer.

Und die ganz Sportlichen unter euch nehmen das Eisbad. Wie das geht, steht im Kapitel »Kälte und Eisbaden«.

Dritter Teil:
Gefahren!

Verirrt und Angst

Schnell kann man sich verirren. Besonders dann bewährt es sich, wenn ihr alle vorangegangen Übungen schon einmal erprobt habt. Mit diesem Grundwissen kann euch nichts wirklich erschüttern und schon gar nichts umbringen.

Man ist – und das ist normal – zunächst sehr verzweifelt. Man hat Angst, kann keinen klaren Gedanken fassen. Dazu solltet ihr unbedingt wissen, dass Angst etwas sehr Wichtiges ist, etwas Gesundes. Wer behauptet, keine Angst zu haben, der lügt. Oder er ist dumm. Oder er ist krank. Ihr habt Angst. Also seid *ihr* gesund, und das ist bereits die halbe Rettung. Angst ist nämlich ein wichtiges Alarmsignal des Körpers. Sie befiehlt euch: »Nehmt jetzt allen Grips zusammen und schlagt der Gefahr ein Schnippchen. Zeigt der Gefahr, dass ihr stärker seid!«

Ihr habt euch also verirrt. Jetzt ist das Allerwichtigste, so ruhig wie irgend möglich zu bleiben. Zwingt euch zur Ruhe, auch wenn das Herz rast und die Atmung heftig wie ein Sturm ist. Hektik schadet nur. Das ist leichter gesagt als getan. Deshalb versucht, stehen zu bleiben. Setzt euch einfach hin, atmet dreimal ganz tief durch. Das beruhigt.

Macht euch keine Sorgen, dass ihr verhungern könntet. Ein Körper hält drei Wochen ohne Nahrung durch. Das bohrende Hungergefühl wird nicht etwa stärker, wenn man lange nichts zu essen bekommt, sondern es erstirbt nach drei Tagen völlig. Übrigens ein absolut interessantes Gefühl, keinen Hunger mehr zu haben. Ich weiß, wovon ich rede. Denn ich bin einmal tausend Kilometer ohne Nahrung von Hamburg nach Oberstdorf marschiert. Das hat 23 Tage gedauert.

Das Einzige, um das ihr euch sorgen müsst, ist Wasser. Trinken ist nötig und wichtig. Aber zunächst versucht vor allem, zurückzufinden oder Hilfe herbeizurufen.

Versucht, euch daran zu erinnern, aus welcher Richtung ihr in den letzten Minuten gekommen seid und wie lange ihr schon vom richtigen Wege abgeirrt sein könntet. In einem solchen Falle ist es besonders wertvoll, wenn man eine Uhr bei sich hat. Und den Überlebensgürtel. Er ist jetzt euer allerbester Freund. Vor allem, wenn es Nacht wird und ihr ein Feuer benötigt und ein Dach überm Kopf. Mit dem Überlebensgürtel habt ihr ein Feuerzeug, die Aluminium-Folie. Damit seid ihr der Nacht gewachsen. Und ihr erlebt ein erstes richtiges Abenteuer.

Wenn ihr glaubt, in Hörweite des Lagers zu sein, dann ruft laut. Besser ist, mit der Pfeife Signale zu geben. Man hört sie besser als die Stimme. Überhaupt sollte man mit der Familie und seinen Freunden fest vereinbaren, dass nur im Notfall getrillert wird. Nie darf zum Spaß getrillert werden. Sonst denkt im wirklichen Notfall jeder, es sei wieder nur Spaß, und niemand reagiert darauf.

Wichtig ist auch, vor jedem Verlassen des Lagers genau festzulegen, wann man wieder zurückkehren wird. Und daran müsst ihr euch unbedingt halten. Nur so könnt ihr sicher sein, dass man euch rechtzeitig suchen wird. Wie wichtig gegenseitige Zuverlässigkeit ist, haben wir ja bereits gelernt.

Ihr müsst wissen, dass das Signalpfeifen **mit** dem Wind weiter zu hören ist als **gegen** den Wind. Nur eurer Lampe ist der Wind egal. Selbst Sturm kann sie nicht erschüttern. Sie leuchtet in alle Richtungen gleich gut. Und Licht sieht man besonders nachts sehr weit und deutlich. Vor allem, wenn man von einer Anhöhe aus signalisieren kann. Sie ist ein besonders wertvolles Signal. Schau hoch zu den Sternen. Ihr Licht siehst du, obwohl sie unvorstellbar weit entfernt im Weltall leuchten.

Noch deutlicher sichtbar ist nachts ein großes loderndes Feuer. Tagsüber sieht man das Feuer so gut wie gar nicht. Da nutzt es kaum etwas. Dann ist Rauch wichtiger. Den erzielt ihr, wenn ihr frisch abgebrochene belaubte Äste oder Gras ins Feuer werft. Wenn möglich, macht sie vorher mit Wasser nass. Sie erzeugen Qualm, der hoch in den Himmel steigt. Übt so was schon mal mit den Eltern im Lager. Dann, wenn es noch gar keinen Notfall gibt. Dann erinnert ihr euch viel besser daran, wenn ihr euch verirrt habt.

Bevor ihr euren jetzigen Rastplatz verlasst, hinterlasst eine Nachricht für die Leute, die euch suchen werden. Im Überlebensgürtel habt ihr Papier und einen Bleistift. Schreibt darauf, wann ihr hier gewesen seid. Also Tag und Uhrzeit. Schreibt auf, wann ihr in welche Richtung gehen werdet. Spießt den Zettel auf einen Ast und stellt ihn deutlich sichtbar auf.

Dann legt aus Steinen oder Ästen ein etwa ein Meter großes Kreuz auf die Erde, das aussieht wie ein **+**. Das sind die vier Richtungen, in denen ihr nach und nach versuchen werdet, den richtigen Weg wiederzufinden. An einen der vier Eckpunkte des + legt zwei Äste, um daraus einen Pfeil zu zaubern (Abb. 63). Er soll den Suchenden zeigen, in welcher Richtung ihr mit der Heimwegsuche begonnen habt.

Angenommen, ihr glaubt, noch vor einer halben Stunde auf dem richtigen Weg gewesen zu sein, dann marschiert nun eine gute halbe Stunde in genau die Richtung, in der ihr den Weg vermutet. Immer schnurgeradeaus. Macht das langsam und schaut immer wieder zurück, um euch den Weg und die Landschaft bestmöglich einzuprägen. Außerdem macht ihr alle paar Meter ein deutliches Zeichen, damit ihr den Weg jederzeit mühelos zurückfindet. Das kann ein Pfeil aus drei Ästen oder vielen Steinen sein. Oder ihr *kratzt* den Pfeil mit dem Absatz in den Boden. Dann können die Suchenden euch mühelos folgen.

Es ist hilfreich, während des Marsches laut zu singen, um Hilfe zu rufen oder mit der Signalpfeife zu lärmen. Vielleicht hört euch jemand.

Wenn ihr nach einer guten halben Stunde den richtigen

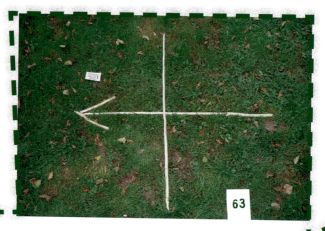

63

Weg immer noch nicht gefunden habt, kehrt zurück. Ihr folgt den eigenen Zeichen und zerstört sie wieder. Sonst laufen die Suchenden vergeblich in der Gegend herum.

Ihr kommt zurück zu eurem **+**, vernichtet denjenigen Strich des **+**, in dessen Richtung ihr *vergeblich* gesucht habt. Was vom **+** übrig bleibt, ist ein **T**. Ihr formt den nächsten Pfeil und marschiert in die neue Richtung. Auf genau dieselbe Weise wie eben (Abb. 64).

Spätestens, wenn ihr die vierte Richtung abgegangen seid, werdet ihr den richtigen Weg wiedergefunden haben.

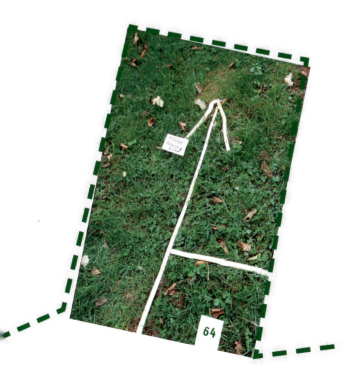

Merke: *Vereinbart mit den Eltern ein bestimmtes Signal, das ihr nur im Notfall senden dürft und niemals zum Spaß!!! Zum Beispiel dreimal hintereinander ein gleich langes Pfeifsignal. Oder ein gleich langes Leuchten mit der Taschenlampe. Das* **internationale** *Zeichen für Hilfe heißt SOS. Das ist englisch und heißt »Save our souls! Rettet unsere Seelen, unsere Leben!« Dafür gibt es ein weltbekanntes Signal. Als Ton. Oder als Licht. Oder als Zeichen. Es ist ... --- ...*
Dreimal kurz (kleine Pause) – dreimal lang (kleine Pause) – dreimal kurz (Ende)
Übt das schon unbedingt alle gemeinsam im Lager!

Übung: *Zeichnet auf ein Blatt Papier, wie ihr versuchen würdet, den richtigen Weg wiederzufinden.*
Macht irgendwo einen Strich. Er stellt den rechten Weg dar. Dann legt einen Punkt abseits des Weges fest. Das soll der Ort sein, an dem ihr merkt, dass ihr euch verirrt habt. Dort zeichnet das **+**. *Verwandelt einen der vier* **+**-*Striche in einen Pfeil. Verlängert den Pfeil mit einem geraden Strich. Er symbolisiert euren ersten Versuch, auf den richtigen Weg zu gelangen. Wenn dieser Strich den Weg* **nicht** *getroffen hat, streicht ihn durch bis hin zum Mittelpunkt des* **+**. *Jetzt verlängert ihr den nächsten Strich des* **+**. *Einer der vier Versuche wird auf jeden Fall den Weg kreuzen. Wenn euch diese kleine zeichnerische Übung überzeugt hat, kann im Notfall gar nichts mehr schiefgehen ☺!*

Jetzt seid ihr fit für das Verirrt-Spiel. Dazu bildet ihr zwei Gruppen. Die erste Gruppe geht los und hinterlässt überall Spuren und Zeichen. Die andere Gruppe folgt eine halbe Stunde später und versucht, den Spuren zu folgen. Die Zeichen könnt ihr vorher absprechen und üben. Dann weiß jeder, wonach er schauen muss. Zum Beispiel Steinhäufchen, Pfeile auf dem Sandboden, Äste, die wie Pfeile aussehen, links und rechts am Weg angebrochene Äste, die aber noch am Strauch hängen. Oder Zettel mit Nachrichten.

Vereinbart einen festen Zeitpunkt, an dem ihr wieder ins Lager zurückkommt. Aus Sicherheitsgründen nimmt jede Gruppe ein Handy mit. Es darf aber nur im äußersten Notfall benutzt werden. Dann, wenn die Zeichen versagt haben.

Durst

Ein erwachsener Mensch überlebt im Not- und Glücksfall:
3 Minuten ohne Luft
3 Tage ohne Wasser
3 Wochen ohne Essen
Für Kinder gilt meist weniger.

Ohne Wasser hält man es nur drei Tage aus. In der Wüste nur einen. Deshalb müsst ihr Folgendes wissen. Euer Körper besteht vor allem aus Wasser. Je heißer es ist, je mehr ihr euch anstrengt, desto mehr schwitzt ihr. Und jeder Tropfen Schweiß ist ein Tropfen Wasser aus eurem Körper.

Alles, was ihr verliert, auch beim Pinkeln und Spucken, muss dem Körper wiedergegeben werden. Das regelt der Körper über den Durst. Deshalb ist es sehr wichtig, immer Wasser bei sich zu haben.

Aber genau wie mit den Lebensmitteln kann es geschehen, dass man einmal kein Wasser mehr hat. Dann muss man alles vermeiden, das den Verlust des Wassers im Körper beschleunigt. Also begebt euch in den Schatten. Schützt euch gegen den Wind. Setzt euch hin und vermeidet unnötige Bewegungen. Sprecht nur noch das Nötigste, weil ihr auch beim Sprechen austrocknet. Bedeckt alle Hautteile mit Stoff.

Wenn es heiß ist und ihr zumindest schmutziges Wasser oder Meereswasser habt, das man nicht trinken darf, dann macht damit die Garderobe nass, die dann eure Kühlung besorgen muss.

> **Merke:** *Wenn das Trinkwasser knapp wird, trinkt immer nur kleine Schlückchen. Sie halten den Mund feucht und verringern das Durstgefühl.*

Bindet die doppelt gelegte Windel aus dem Überlebensgürtel um Mund und Nase. Sie verlangsamt die Austrocknung der Atemorgane.

Fettet die Lippen mit Creme oder mit anderen fetthaltigen Mitteln ein. Zum Beispiel mit Margarine.

> **Tipp:** *Lutscht auf einem glatten Steinchen wie auf einem Bonbon. Das hilft eine ganze Weile, den Mund feucht zu halten. Denn es ist die Trockenheit im Mund, mit der sich der Durst zuerst meldet.*

Salzwasser-Tipp: *Normalerweise soll man Meereswasser nicht trinken. Es ist ungesund und schadet dem Körper. Wenn man sich aber in großer Not an einem Meeresstrand befindet, umgeben nur von Salzwasser, kann man sich mit einem tollen Trick eine Zeit lang gegen das Verdursten schützen: Man gräbt am Strand ein Loch. Das geht ganz einfach mit den Händen. Wenn es so* **tief** *ist wie der Meeresspiegel* **hoch***, strömt plötzlich von unten Wasser in das Loch. Probiert mal einen Finger voll. Ihr werdet feststellen, dass es kaum noch salzig ist.*
Je weiter entfernt vom Meer ihr das Loch grabt, desto weniger salzig ist es.

Hunger

Und nun zum Thema Hunger beim Menschen.

Wenn der Magen leer ist, sendet er ein Hungergefühl an den Verstand, und der Verstand befiehlt euch: »Los! Jetzt müsst ihr essen!« Wenn ihr seinem Befehl nicht nachkommt, bestraft er euch. Ihr werdet schlapp und müde. Der Magen wird zornig und knurrt.

Hagebutten sind die Früchte von Rosen. Nur wilde essen, weil sie nicht gespritzt, dafür aber schön groß sind. Blütenansatz abknibbeln, aufschneiden, Kerne als Juckpulver verwenden, das Fruchtfleisch genießen. Ist sehr vitaminreich.

Nahrung ist der Treibstoff für euer Funktionieren. Nahrung wird vom Körper verwandelt in Wärme, Kraft und Wachstum. Ohne Nahrung verhungert ihr. Aber das dauert viele Wochen.

Hunger ist also ein wichtiges Signal des Körpers, damit ihr überlebt.

Nun kann es schnell geschehen, dass einfach nichts zu essen da ist und ihr absolut nichts findet, was im Kapitel »Nahrungssuche« steht. Dann müsst ihr nicht gleich in Panik ausbrechen. Denn ein Körper kommt auch drei Wochen ohne Nahrung aus. Er klaut sich die Nahrung dann von eurem eigenen Körper: Ihr werdet müde. Ihr schlaft. Und während des Schlafes baut der Körper das Fett ab und verwandelt es in Wärme und Kraft. Wenn das Fett verbraucht ist, baut er euer Fleisch, eure Muskeln ab. Ihr werdet dünner und dünner, aber ihr funktioniert noch lange. Nur werdet ihr allmählich langsamer und schwächer. Aber das Tolle ist, dass spätestens nach drei Tagen das quälende Hungergefühl verschwindet.

Wichtig ist, dass ihr euch beschäftigt. Damit lenkt ihr euch selbst vom Hungergefühl ab. Sucht nach Essbarem (siehe Kapitel »Nahrung«). Erzählt euch Geschichten. Macht einen Witzewettbewerb. Abends macht ihr ein Lagerfeuer, auch weil dann euer Körper nicht so viel Energie verbraucht, um euch warm zu halten. Wenn ihr an einen Bach kommt, geht mit der Strömung an ihm entlang. Da wächst einfach mehr, was ihr vernaschen könnt – und jeder Bach fließt zu Menschen. Die freuen sich darauf, euch durchzufüttern.

Selbsttest für die Älteren von euch:

zwei Tage ohne Nahrung

Sucht euch eine Route in der Natur aus, auf der ihr zwei Tage eine Art Rundwanderung plant. Nicht zu anstrengend, nicht zu langweilig.

Ihr frühstückt morgens ein Müsli. Damit gebt ihr dem Körper einen Energieschub. Packt den Überlebensgürtel ein und nehmt die Plane mit. Aber nichts zu essen. Jetzt geht ihr zum gewählten Ausgangsort und wandert los. Wenn ihr unterwegs etwas Essbares findet, nehmt ein wenig mit. Nicht die Taschen vollstopfen, sonst betrügt ihr euch ja selbst. Geht den ganzen Tag und richtet euch ein Nachtlager her. Abends, wenn ihr am Lagerfeuer sitzt, spürt ihr den Hunger. Entscheidet, ob ihr die gefundenen Esssachen jetzt futtert oder ob sie doch bis zum Morgen aufgehoben werden können. Dann schlaft rechtzeitig. Morgens geht es weiter. Überlegt, ob die essbaren Fundstücke von gestern noch warten sollen. Macht euch gegenseitig dazu Mut. Jeder darf zwei Sätze sagen, wie es ihm geht. Mehr wird über den Hunger nicht gesprochen. So wandert ihr durch den Tag. Abends kommt ihr zurück – und jetzt nehmt ihr nur ein ganz einfaches Mahl: Butterbrot und Apfel. Es wird euch schmecken wie nie.

Danach kommt die Auswertung:
Wer hat das gefundene Essen noch? 0–10 Punkte
Wer hat am wenigsten gemault? 0–10 Punkte
Wer hat die meisten Geschichten erzählt? 0–10 Punkte
Wer hat den lustigsten Witz erzählt? 0–10 Punkte

Faustregel: *Wenn ihr lange ohne Nahrung auskommen musstet, dürft ihr nur langsam wieder mit dem Essen beginnen. Wenn ihr den Magen sofort vollstopft, kriegt ihr schlimme Bauchschmerzen.*

Ertrinken

Wer baden geht, wer an Gewässern spielt, muss wissen, dass Wasser **sehr** gefährlich werden kann. Es ist stark, oft ist es kalt und man kann ertrinken. Das muss man wissen und entsprechend muss man vorsichtig sein.

Das Allerbeste ist, einen Schwimmkursus zu besuchen und das Schwimmen dort mit Freunden zu erlernen. Je früher, desto besser. Schwimmkurse kann man im Winter in der

Schwimmhalle besuchen. Dann, wenn draußen kaltes und stürmisches Wetter vorherrscht.

Nicht nur aus Sicherheitsgründen muss man schwimmen können, sondern weil man mit dem Wasser viel Freude haben kann. Für den Schwimmer wird das Wasser zum Freund. Für den Nichtschwimmer wird es schnell zum Feind. Aber selbst dann, wenn man schwimmen kann, muss man sehr vorsichtig sein, weil der beste Schwimmer ertrinkt, wenn Strömung oder Strudel ihn mit sich reißen.

Ertrinken ist ein schneller, aber qualvoller Tod. Es ist wie Erwürgtwerden. Man will atmen und bekommt keine Luft. Wie wild schlägt man um sich, um an die Oberfläche zu gelangen und Luft zu bekommen. In seiner Todesangst entwickelt der Körper ungeahnte Kräfte. Da kann sogar ein Kind stärker sein als ein Erwachsener. Es kann ihn umklammern und mit in den Tod reißen, wenn der versucht, es zu retten. Sehr schnell kommt für den Ertrinkenden der Moment, wo er Wasser einatmet, wo er bewusstlos wird und wo er dennoch weiterhin wie wild um sich schlägt. Auf den Betrachter wirkt das noch schlimmer. Er nimmt an, dass der Ertrinkende den Todeskampf noch bewusst wahrnimmt. Der aber strampelt bereits bewusstlos um sein Leben.

Wenn du älter wirst, solltest du deshalb unbedingt auch einen Rettungsschwimmer-Kursus besuchen. Dann kannst du Ertrinkende retten. Jetzt, als junger Leser dieses Buches, ist das noch zu früh. Da machst du, wie schon an anderer Stelle erwähnt, das »Seepferdchen« und später den »Freischwimmer«.

Der beste Rat gegen das Ertrinken ist der, bei Aufenthalt am oder im Wasser, bei Fahrten mit Booten oder dem Floß stets eine Schwimmweste zu tragen und nie alleine, sondern immer nur in Begleitung erwachsener Schwimmer baden zu gehen. Bis ihr selbst erfahrene Schwimmer geworden seid.

Verletzt

Wer arbeitet, kann sich verletzen. Ihr fasst in Dornen, ihr fallt hin, ihr schneidet euch – und schon blutet ihr. Oder ihr verbrennt euch. Im ersten Moment erschrickt man darüber sehr. Die Wunde kann schmerzen. Vielleicht weint ihr sogar. Aber das ist völlig normal und kein Grund, sich zu schämen. Tränen erleichtern euch, mit dem Problem fertig zu werden. Gefühle müssen raus.

Splitter in der Haut

Wenn ihr euch einen Splitter, einen Dorn ins Fleisch gestoßen habt, braucht ihr die Pinzette aus dem Überlebensgürtel. Damit zieht ihr ihn heraus. Tupft ein wenig von eurem Desinfektionsmittel darauf und verschließt die Wunde mit einem Pflaster.

Wie man ein Pflaster aus seiner Schutzhülle zieht, lasst euch von den Eltern oder vom Apotheker zeigen. Meist wird es auch auf der Packung erklärt.

Ein Pflaster klebt besser und länger auf der Haut, wenn ihr es vorm Aufkleben von beiden Seiten her einschneidet. So, dass es nicht zwei, sondern vier Klebestreifen hat und wie ein X aussieht.

Kleine Kratzer

Wenn ihr euch einen klitzekleinen Kratzer zugefügt habt, bildet der Körper sehr schnell selbst ein Pflaster. Das Blut verdickt sich. Bald kann es gar nicht mehr fließen und schafft eine Kruste. Die Kruste sorgt dafür, dass nun keine schädlichen Bakterien mehr von außen in die Wunde hineinkriechen können. Damit das Krusten-Pflaster nicht wieder aufreißt, schützt es mit einem Pflaster aus dem Überlebensgürtel.

Kleine Blutungen

Wenn ihr euch eine Wunde zugefügt habt, lasst sie ein paar Augenblicke bluten. Das ist wichtig, weil der Blutstrom die schädlichen Bakterien ausspült, die mit dem schmutzigen Dorn oder dem schmutzigen Messer in das Fleisch eingedrungen sind. Wenn ihr die Blutung *sofort* stoppt, was man am liebsten instinktiv machen würde, bleiben die Bakterien in der Wunde und bewirken schnell eine Entzündung. Diesen Spaß verderbt ihr ihnen mit der kurzfristigen Blutung. Draußen an der Luft sind die Bakterien dann unschädlich.

Wenn die Haut um die Wunde herum schmutzig ist, wascht die schmutzige Haut mit sauberem Wasser und trocknet sie durch sanftes Abtupfen. Die Wunde selbst lasst davon unberührt.

Dann öffnet ihr den Überlebensgürtel und holt ein Pflaster heraus. Wenn es stärker blutet, auch den Verbandsmull. Damit deckt ihr die Wunde ab und verbindet alles schön dauerhaft.

Übung: Verbinden
Übt das Behandeln der Wunde an eurer Puppe oder einem Stofftier! (Abb. 65)
Oder: *Zeichnet auf ein Blatt Papier eine kleine Wunde. Dann betupf sie rundherum mit etwas Desinfektion und klebt euer »vierbeiniges« X-Pflaster auf.*

Stärkere Blutungen
Bei stärkeren und anhaltenden Blutungen hilft es zunächst, das betroffene Körperglied hochzuhalten. Höher als das Herz. Meist hört die Blutung dann bald auf. Wenn sie nicht aufhört, legt ihr einen Druckverband an. Dazu nehmt ein steriles Mullstück, legt es auf die Blutung und wickelt eine Mullbinde mehrfach um das Körperteil.

Darauf drückt ihr eine Euro-Münze oder einen flachen kleinen Stein in der Größe der Münze und legt einen zweiten Verband an.

Später, wenn ihr älter seid, solltet ihr unbedingt mit der ganzen Familie einen Erste-Hilfe-Kursus besuchen. Dort lernt ihr noch viel mehr kleine Tricks, um gesund und fit zu bleiben. Wo es solche Kurse in eurer Nähe gibt, weiß jeder Apotheker.

Verbrennung
Am Feuer geschieht es schnell, dass man sich verbrennt. Das beste Soforthilfmittel ist kaltes Wasser. Haltet das betroffene Körperteil etwa drei Minuten hinein. Falls sich Bläschen gebildet haben, dürft ihr sie nicht aufstechen. Die Flüssigkeit, die sich in den Blasen befindet, ist nämlich schon ein natürliches Heilmittel, das der Körper selbst gebildet hat. Bedeckt und verbindet die Wunde nur mit einer sterilen Mullbinde.

Auf gar keinen Fall dürft ihr Öl, Butter oder Mehl darauf geben! Das verschlimmert die Wunde. Früher hat man das so gemacht, und manche Menschen meinen auch heute noch, dass es gut sei. Doch das ist ein Irrtum.

Übung: Transport eines Verletzten

Stellt euch vor, einer von euch hat sich schwer verletzt. Er kann nicht mehr allein gehen. Er muss getragen werden. Aber er ist schwer und der Heimweg ist lang. Dann baut ihr eine Rutsche. Da packt ihr den Patienten drauf und zieht ihn nach Hause. Ziehen geht viel leichter als Tragen. Das meiste Gewicht liegt dann auf dem Boden und nicht mehr auf euren Muskeln. Die Rutsche erleichtert die Arbeit nach dem Prinzip der Schubkarre (Abb. 66 und 67) oder des Koffers mit Rädern.

66

67

Medikamente aus der Natur

Gegen sehr viele Krankheiten liefert die Natur Medikamente. Darüber gibt es im Buchhandel sehr viele spezielle Bücher. Ihr sollt hier nur *drei* Medikamente kennenlernen.

Der **Spitzwegerich** wächst auf Wiesen und am Wegesrand (Abb. 68). Er hilft, **Wunden** schneller verheilen zu lassen. Dazu verreibt die gewaschenen Blätter zwischen Daumen und Zeigefinger. Diesen grünen Brei legt ihr auf die Wunde. So als würdet ihr Creme auftragen. Dann klebt ihr ein Pflaster aus dem Überlebensgürtel drauf.

Nun könnt ihr sagen, die Wunde wäre auch ohne den Wegerich verheilt. Da habt ihr recht. Deshalb macht bei Gelegenheit einen Versuch: Wenn ihr einmal *zwei* Kratzer habt oder einen längeren, dann behandelt den einen (oder den halben langen) mit Wegerich-Mus, den anderen nicht. Bestimmt wird der behandelte schneller und besser verheilen. Sonst schreibt mir einen Beschwerdebrief.

Jetzt etwas gegen **Kopfschmerzen**, **Fieber** und **Entzündungen**! Das liefert die Rinde der Weiden. Es gibt 200 Sorten Weiden. Zum Beispiel die Kopfweiden. Sie stehen an vielen Gewässern (Abb. 69).

68

Für eine Tasse Weidenrinden-Tee braucht ihr einen gehäuften Esslöffel voll klein geschnittener Weidenrinde. Sie enthält den gleichen Wirkstoff wie viele Schmerztabletten. Nämlich Salicylsäure.

Lasst den Tee eine Minute kochen und fünf Minuten ziehen. Vielleicht mögt ihr den Geschmack verfeinern. Dann gebt Pfefferminzblätter hinzu, Honig oder Zucker.

Man kann die Rindenstücke auch einfach roh auskauen und auslutschen. Dazu muss man dann Wasser trinken, damit sich der Wirkstoff im Körper besser verteilen kann. Gekaute Rinde ist rotzekotze bitter. Aber das sind Tabletten ja auch. Hauptsache, es hilft.

Das dritte Mittel hilft gegen **Durchfall**. Gerade wenn man auf Reisen ist, holt man sich diese lästige Krankheit schneller, als man zur Toilette laufen kann. Aber zum Glück gibt es gegen viele Arten des Durchfalls ein wirksames Mittel, das einem überall zur Verfügung steht. Besonders auf Reisen durch die Natur. Und das ist die **Holzkohle**.

Entweder habt ihr sie gekauft zum Grillen oder ihr nehmt das Schwarze vom verbrannten Holz des Lagerfeuers. Schabt einen Esslöffel voll ab, zerreibt es zu Pulver und verrührt es mit etwas Wasser. Dann trinkt es. Es schmeckt nicht einmal schlecht. Es sieht lediglich nicht appetitlich aus ☺!

Kälte und Eisbaden

Euer Körper muss immer 37 Grad warm sein. Mithilfe der Nahrung regelt der Körper das von selbst. Ihr müsst euch darum nicht kümmern. Ihr müsst nur essen. Weil die Luft um euch herum meist kälter ist, klaut sie sich die Wärme eures Körpers. Euch friert. Vor allem im Winter, wenn es besonders kalt ist und die kalte Luft besonders gierig eure Körperwärme mopsen will.

Zuerst merkt man die Kälte an den Fingern, Zehen und Ohren. Dann wird es Zeit zu reagieren, indem ihr euch mit Garderobe schützt.

Zieht mehrere Lagen Hemden an, zwei Paar Socken übereinander. Setzt eine Mütze auf und vermummt das Gesicht.

Schütz euch gegen den Wind. Denn je stärker der Wind, desto schneller die Auskühlung. Damit der Wind gar nicht erst durch die Poren der Garderobe hindurchdringen kann, zieht über alles luftundurchlässiges Material. Zum Beispiel die Plane. Oder legt zwischen die Hemden Zeitungspapier. Zeitungen sind auch sehr hilfreich bei kalten Füßen. Wickelt die Füße in mehrere Lagen Zeitungspapier und zieht darüber die Strümpfe. Dann steigt in die Schuhe. Natürlich müssen sie entsprechend groß sein. Probiert es mit den Schuhen älterer Geschwister aus.

Möchtet ihr euch abhärten gegen Kälte und Erkältungen? Dann ist Eisbaden ein wirksames Mittel! Voraussetzung ist, dass ihr ein gesundes Herz habt. Und dass ein Erwachsener neben euch steht, der euch jederzeit wieder herausziehen kann.

Dann geht es los. Vater hackt ein Loch ins Eis. Und zwar an einer Stelle, wo ihr im Wasser noch stehen könnt. Das ist ganz wichtig. Also nie im Tiefen!

Dann lauft ihr euch warm. Tausend Meter. Wieder zurück am Eisloch, zieht euch aus, kühlt euch mit ein paar Spritzern Wasser ab, wie ihr es beim Baden gelernt habt.

Es mag euch nun unheimlich kalt vorkommen. Vielleicht sind es an der Luft 10 Minusgrade. Das ist tatsächlich arschkalt, aber es spielt keine Rolle. Denn beim Eisbaden gibt es zwei Geheimnisse. Die gehen aber nur diejenigen an, die am Bad teilnehmen. Die Warmduscher brauchen davon nichts zu wissen. Die sollen euch bewundern als unerschrockene »Eskimos«.

Also: Erstens ist es im flüssigen Wasser immer noch mindestens 1 Grad plus. Das macht schon mal 11 Grad Unterschied zur Luft über dem Eis. Es ist um 11 Grad wärmer.

Geheimnis Nummer zwei: Wenn ihr euch kalt abgeschreckt

habt, empfindet ihr es im ersten Moment stechend kalt. Ignoriert es! Hüpft hinein und gleich wieder heraus.

Ihr meint ein paar Sekunden lang, dass euch die Luft wegbleibt. Aber das bleibt sie nicht. Im Gegenteil. Durch den Kälteschock bekommen das Herz und die Lunge vom Gehirn den Befehl, jetzt viel schneller zu arbeiten. Das Herz pumpt euer warmes Blut mit Affenzahn durch die Adern. Man spürt das Leben in sich. Plötzlich fühlt ihr euch sogar ein wenig warm. Ihr empfindet die Kälte längst nicht mehr so heftig wie eben. Fast wird's euch warm ums Herz.

Und dann geht erneut ins Wasser! Bleibt ein paar Momente drin. Vielleicht eine Minute. Dann steigt wieder heraus.

Es kann sein, dass ihr weder die Finger noch die Füße spürt. Kälte betäubt nämlich. Jetzt trocknet euch ab, zieht euch warm und trocken an. Und schon nach wenigen Minuten werdet ihr euch sauwohl fühlen. Und die Warmduscher werden staunen.

> **Bergsteigerweisheit**: *Wer friert, ist* **dumm** *(weil er nicht weiß, was man gegen Kälte machen muss). Oder er ist* **faul** *(weil er es zwar weiß, aber zu bequem ist, sich vernünftig zu kleiden). Oder er ist* **arm** *(dann hat er nichts, um sich warm anzuziehen).*

> **Tipp für »Warmduscher«**: *Wer nicht unbekleidet im Eisloch baden will, macht es mit Garderobe. Aber nur, wenn er noch Garderobe zum Wechseln hat.*

Hitze

Gegen Kälte kann man sich schützen. Gegen Wärme nur bedingt. Wenn es um euch herum heißer ist als eure Körpertemperatur von 37 Grad, dann leidet ihr ganz besonders unter der Hitze. Das kann euch passieren in der Wüste. Oder an einem besonders heißen Sommertag. Die Hitze dringt in den Körper ein, versucht, die Körpertemperatur zu erhöhen. Dann ist es so, als hätte man Fieber. Und wenn es einem nicht gelingt, die Hitze fernzuhalten und den Körper zu kühlen, stirbt man irgendwann an Überhitzung.

Die wichtigsten Mittel gegen Hitze sind Wasser, Wind und Schatten. Ob du in der Sonne stehst oder im Schatten, macht meist schon einen Unterschied von über 10 Grad aus. Ihr könnt das ja mal mit dem Thermometer kontrollieren.

Wenn im Schatten dann auch noch ein Wind weht, fühlt man sich noch wohler. Wie unter einem Ventilator.

Wenn es besonders schlimm ist mit der Hitze, muss man besonders viel trinken, die Garderobe nass machen und sich in den Wind und in den Schatten stellen. Dann fühlt man sich wie im Kühlschrank.

Ein nicht zu unterschätzendes Hilfsmittel gegen Hitze ist der Fächer. Auch wenn er nur aus einem Stück Pappe oder einem Tannenzweig improvisiert ist. Er kühlt euren Kopf.

Und wenn Papa eine Glatze hat (wie ich), ratet ihm dringend, eine luftige Kopfbedeckung aufzusetzen. Wer Haare hat, braucht das nicht. Haare sind gute Isolatoren.

Gewitter

Das Gefährliche am Gewitter sind die Blitze. Wenn sie euch treffen, seid ihr tot. Aber auch dann, wenn ein Blitz in unmittelbarer Nähe einschlägt, ist die Gefahr groß, weil das Erdreich, auf dem man steht, die elektrische Energie weiterleitet. Und Blitze sind allerstärkster elektrischer Strom. Aber zum Glück wird man vom Gewitter nie überrascht. Es kündigt sich an mit Sturm und dunklen Wolken, Blitzen und Donnern.

Ihr müsst wissen, dass der Mensch, wie schon mal gesagt, vor allem aus Wasser besteht. Und Wasser leitet den elektrischen Strom genau wie Draht. Wenn ihr euch mitten auf ein freies Feld stellt, womöglich noch auf eine Anhöhe, dann wirkt ihr wie ein Blitzableiter, der die Blitze anzieht und in die Erde ableitet. Mit dem Unterschied, dass ein Blitzableiter, der aus Metall besteht, heil bleibt. Ihr nicht.

Solange die Blitze irgendwo in der Ferne einschlagen, sind sie für euch nicht gefährlich. Dann nutzt die Zeit, euch in Sicherheit zu bringen. Gefährlich werden sie erst dann, wenn sie um euch herum einschlagen.

Wie weit die Gefahrenzone des Gewitters, das Zentrum, noch von euch entfernt ist, lässt sich leicht errechnen. Ihr seht den Blitz, dann hört ihr den Donner. Dabei entstehen beide in derselben Sekunde. Aber während ihr den Blitz sofort seht, hört ihr den Donner erst viel später. Denn der Schall ist viel langsamer als das Licht. In drei Sekunden legt er nur einen Kilometer zurück.

Wenn ihr also bis neun zählen könnt, nachdem ihr den Blitz gesehen habt, ist das Gewitter noch drei Kilometer entfernt. Wenn es nur noch drei Sekunden, das ist ein Kilometer, entfernt ist, müsst ihr in Sicherheit sein. Denkt daran, dass Gewitter sehr schnell sind, weil der Sturm sie vor sich hertreibt.

Wie schützt man sich also gegen nahe Blitze?

Meidet freie Flächen! Versucht jetzt nicht mehr, wegzulaufen und legt euch keinesfalls der Länge nach auf den Boden. Stattdessen macht euch so unsichtbar und klein wie möglich. Geht mit geschlossenen Beinen in die Hocke. Wenn ihr zu mehreren Personen seid, hockt euch nicht zusammen, sondern mit einigen Metern Abstand auseinander.

Wenn möglich, setzt euch immer auf etwas Trockenes. Trockenes leitet den Strom nicht. Dazu gehören auch Plastik, Papier, Garderobe, der zusammengerollte Schlafsack, trockenes Holz. Wenn vorhanden, hängt den Poncho über euch, lasst ihn Kontakt zum Boden halten.

Vermeidet die Nähe von allem, was einzeln aus der Landschaft aufragt: Masten, Zäune, Bäume.

Geht lieber tief in einen Wald, hockt euch hin mit größtmöglichem Abstand zu Ästen und Bäumen. Sonst könnte der Blitz vom Baum auf euch überspringen.

Wenn es eine große Höhle gibt, geht hinein. Vermeidet aber auch hier den Kontakt zu den Wänden. Der Abstand von euch zu den Höhlenwänden muss aber mindestens anderthalb Meter betragen.

Wenn ihr mit dem Fahrrad unterwegs seid, lasst es liegen und entfernt euch von ihm. Fasst nichts an, was aus Metall ist: Drahtzäune, Geländer ...

Besonders sicher ist es in Häusern oder unter Stahlbrücken und am sichersten im Auto. In ihm kann euch gar nichts passieren. Das Auto ist der beste Schutzkäfig gegen Blitze.

Überschwemmungen

So wichtig es ist, in der Nähe von Wasser zu lagern, so darf man die Gefahr nicht außer Acht lassen, von einem Hochwasser überrascht zu werden. Irgendwo dort, wo der Fluss im Gebirge entspringt, könnte es zu einem starken Regen gekommen sein. Dann schwillt der Fluss plötzlich an und reißt alles fort, was sich ihm in den Weg stellt.

Diese Gefahr ist besonders groß in einer Schlucht, in einem engen Tal. Da kann sich das Wasser nicht auf den Feldern der Ebene verteilen, sondern kommt in riesiger Welle dahergebraust.

Wenn diese Gefahr besteht, legt man sein Lager nicht direkt am Ufer an, sondern ein paar Meter höher am Hang. Da ihr das nicht beurteilen könnt, werden eure Eltern darauf besonders achten.

Waldbrand

In trockenen Jahreszeiten kann es sehr schnell zu einem Wald- oder Buschbrand kommen. Diese Feuer entstehen, wenn jemand seine Zigarettenkippe achtlos wegwirft und sie das trockene Gras entzündet. Manchmal genügt eine Flaschenscherbe, die wie ein Brennglas wirkt. Aber meist sind es leichtsinnig angelegte Lagerfeuer, die den Wald vernichten.

Ein solches Feuer kann sehr schnell entstehen. So schnell, dass man es nicht mehr löschen kann. Wenn dazu noch ein starker Wind weht, breitet es sich blitzartig aus, und ein Mensch hat Mühe, dem Brand zu entkommen.

Wenn ihr solch ein Feuer auf euch zukommen seht und hört (Buschfeuer ist laut), lauft um euer Leben. Lasst die Ausrüstung liegen. Sie kann man ersetzen, das Leben nicht.

Ist das Feuer nur schmal und kommt es wie ein Fluss auf euch zu, lauft davon und versucht *schräg nach vorn* aus der Gefahrenzone hinauszukommen. So, als wolltet ihr mit der Strömung des Flusses ans Ufer schwimmen.

Kommt es hingegen in voller Breite auf euch zu, wie Gewitterwolken am Horizont, dann lauft ihm genau voran. Vielleicht habt ihr Glück und gelangt an einen Fluss. Er könnte das Feuer aufhalten. Aber das ist nicht sicher. Schwimmt hindurch und lauft dennoch weiter. Bis ihr in Sicherheit seid.

Lasst euch das am besten von euren Eltern mithilfe einer Zeichnung erklären.

Lawinen

Wer im Winter in den Bergen Urlaub macht, muss mit Lawinen rechnen. Auch sie kommen mit großem Getöse daher. Aber sie beginnen ganz leise. Jedes Jahr sterben dabei viele Menschen.

In Winterurlaubsorten gibt es deshalb Lawinenwarnungen durch die Bergwacht und im Radio. Wie Verkehrsnachrichten für den Straßenverkehr. Beachtet die Warnungen ganz genau. Haltet euch nur auf Wegen auf, die nicht durch Lawinen bedroht sind. Meist sind Gefahrenzonen gekennzeichnet. Wenn ihr abseits der bewohnten Gebiete reist, wo solche Kennzeichnungen nicht erfolgen, meidet steile Hänge. Lasst euch nicht täuschen von der endlosen, märchenhaften Schneelandschaft und der Ruhe. Sie trügen.

Durch anhaltenden Schneefall, durch Tauwetter, durch einen Skifahrer oder auch nur durch ein laut gerufenes Wort kann sich die Lawine lösen. Wie der letzte Tropfen, der ein Fass zum Überlaufen bringt. Dann hält sie nichts mehr auf. In Sekundenschnelle wird sie größer und reißt alles mit sich. Dicke Felsen, starke Bäume, ganze Häuser – nichts bleibt von Lawinen verschont.

Wenn solch ein Ungetüm auf dich zugebraust kommt, dann lauf, was die Beine hergeben. Lass Gepäck und Ski liegen. Sie rauben dir wertvolle Sekunden und verankern dich im Schnee, wenn die Lawine dich erfasst hat. Nur ohne Gepäck und Ski hast du eine Chance, auf dem Schnee zu schwimmen wie auf dem Wasser. Zur Seite fortlaufen und Schwimmen sind die wenigen Chancen, nicht untergewalzt zu werden.

Wenn man dennoch unter den Schnee gerät, roll den Körper zusammen wie eine Kugel. Mund und Nase schützt man mit Händen und Armen.

Sobald die Lawine im Tal zum Stillstand gekommen ist, versuch, einen Hohlraum zu schaffen. Versuch, möglichst ruhig zu bleiben. Sonst verbraucht man unnötig viel Luft. Und die ist in deinem Loch knapp.

Horch, ob die Stimmen der Suchmannschaften zu hören sind. Dann schrei so laut du kannst.

> ### Hinweis für die Eltern
> Auch dies ist letztlich ein Thema, das Kinder nicht erfassen können. Sie werden die Gefahren etwas besser einschätzen lernen, wenn man Lawinen zum Gesprächsstoff mit den Wirtsleuten in den Urlaubsgebieten macht.

Fliegen und Mücken

Da sind zunächst mal die **Fliegen.** Sie können einem das Leben schwer machen. Sie können einen zum Wahnsinn treiben. Aber man ist ihnen nicht hilflos ausgeliefert. Man kann sich gegen sie schützen. Und man kann sich rächen: Schlagt sie tot und esst sie auf. Basta.

Schutzmittel Nummer 1 ist die Garderobe. Bedeckt alle freien Hautteile. Das Gesicht schützt mit der Windel aus dem Überlebensgürtel. Sie ist vor allem wertvoll gegen die lästigen Fliegen, die einen morgens wecken oder mittags nicht schlafen lassen wollen.

Was für Fliegen gilt, gilt auch für **Mücken.** Sie kommen in der Dämmerung und nachts. Gegen sie benötigt man dickere Garderobe. Denn sie krabbeln nicht nur auf euch herum wie die Fliegen. Sie haben einen Rüssel. Der ist wie eine superfeine Injektionsnadel, mit der sie durch die Garderobe in die Haut stechen, um euer Blut abzuzapfen. Das juckt lange und ärgert euch. Schaden tut es nicht.

Jedenfalls nicht im deutschsprachigen Europa. Schlimmer wäre es in den heißen Ländern, wenn es dort Malariamücken gibt.

Besser ist es, man ärgert die Mücken! Das ist ganz leicht. Dann summen sie laut vor Wut. Die Garderobe gegen Mücken muss einfach nur dicker sein, als ihr Stechrüssel lang ist. Oder tragt dünne Garderobe doppelt. Also zwei Hemden übereinander. Sonst gelangen sie doch noch mit ihrem Saugrüssel hindurch und piesacken euch.

In mückenreichen Gebieten sollte das Zelt ein Moskitonetz haben. Das darf aber kein einziges Loch aufweisen. Die Mücken sind clever und finden es garantiert. Dann kommen sie ins Zelt, um euch zu bestrafen, weil ihr das Loch nicht geflickt habt.

Wenn Mücken zur Plage werden, schützt man sich außerdem mit verschiedensten Hilfsmitteln. Zum Beispiel mit etwas zum Einreiben. Das übertönt den Menschengeruch. Oder es strömt einen für Mückennasen ekelhaften Geruch aus.

Dann gibt es Duftspiralen, die man anzündet. Sie glimmen langsam vor sich hin und verströmen einen Duft, den Mücken hassen.

Es gibt auch Störsender. Sie erzeugen einen Ton, den wir nicht hören, den aber die Mücken sehr wohl wahrnehmen und der sie in die Flucht jagt.

All diese Hilfsmittel kauft man in Drogerien, Apotheken oder bei Outdoor-Ausrüstern.

Ein natürliches Mittel gegen Mücken ist Rauch vom Lagerfeuer. Das hassen sie. Auch wenn eure Garderobe so richtig schön nach Rauch stinkt, hält das viele Mücken auf Distanz.

Zecken

Besonders gefährlich sind die **Zecken**. Sie sind Überlebenskünstler der besonderen Art. Sie können nämlich viele Monate und sogar Jahre ohne Nahrung auskommen. Sie leben auf Sträuchern und warten geduldig, bis ein Mensch oder ein Tier vorbeikommt. Dann lassen sie sich auf dessen Körper fallen, beißen sich fest und beginnen mit der Arbeit. Sie zwacken sich durch die Haut und saugen sich voll mit dem Blut ihres Opfers. Davon merkt man nichts. So behutsam gehen sie zu Werke. Zwar ist das nur ein Tropfen, den sie einem stibitzen. Aber einige ganz wenige von diesen Zecken übertragen beim Saugen eine tödliche Krankheit. Deshalb ist es gut, Zecken, sobald man sie entdeckt, behutsam herauszuziehen. Dafür gibt es extra Zeckenzangen. Mit ihnen greift man sie direkt über der Haut und dreht sie langsam heraus. Sie dürfen nicht abreißen. Sonst bleibt der Kopf in dir stecken und kann die Krankheit auslösen.

In Apotheken gibt es auch Zeckenkarten. Daran befinden sich feine Schlitze. Die schiebt man unter die Zecke und hebelt sie aus der Haut (Abb. 70).

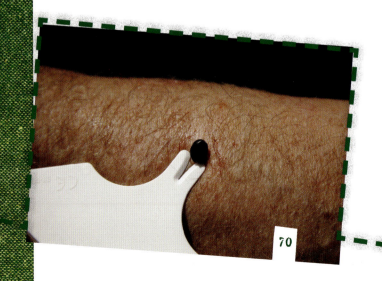

Bienen, Wespen, Hornissen

Außer den Zecken gibt es bei uns drei andere gefährliche Insekten. Das sind die **Bienen, Wespen und Hornissen.** Sie alle können stechen. Das schmerzt und die Stichstelle schwillt an. Gefährlich wird es, wenn die Schwellung ein lebenswichtiges Organ – zum Beispiel eine Ader – zuschwellen lässt. Oder wenn jemand gegen diese Tiere allergisch ist und er plötzlich Herzrasen und Übelkeit verspürt.

Man kann viele Stiche vermeiden, wenn man die Tiere nicht reizt. Bienen stechen nicht so schnell wie Wespen, weil sie nach dem Stich sterben. Das wissen sie, und sie wollen lieber leben. Aber sie stechen, wenn sie sich bedroht fühlen.

Wespen und Hornissen (das sind Riesenwespen) stechen viel schneller. Denn sie verlieren ihren Stachel nicht und leben weiter. Und sie lieben den Kampf. Lasst euch von ihnen nicht provozieren. Lasst sie einfach zufrieden.

Wenn sie euch im Herbst besonders hartnäckig umschwärmen, weil ihr gerade einen Pflaumenkuchen esst, dann gebt ihnen ein Stück ab. Leben und leben lassen nennt man das. Tötet sie nur, wenn ihr ganz sicher seid, dass ihr sie auch erwischt. Am besten mit einer Fliegenklatsche. Wenn ihr allerdings danebenschlagt, kriegt ihr Probleme. Dann greifen sie an.

Gegen die schmerzhaften Stiche gibt es kühlende Salben. Wer sie nicht hat, kühlt die Stelle mit kaltem Wasser. Oder packt Spitzwegerich-Mus auf die Wunde. Den Rest erträgt man wie ein Indianer nach dem Motto »Indianerherz kennt kein'n Schmerz«.

Hunde

Hunde können sehr gefährlich werden. Immer wieder liest man, dass sie Menschen angegriffen, schwer verletzt oder sogar getötet haben. Sie sind stark, schnell und ausdauernd. Sie riechen und hören viel besser als jeder Mensch.

Sie greifen zum Beispiel an, weil ihr in das Grundstück eingedrungen seid, das sie bewachen sollen. Vielleicht greifen sie an, weil sie sich von euch belästigt fühlen. Vielleicht auch, weil sie schlechte Laune haben, weil sie Kampfhunde sind und grundsätzlich Streit suchen.

Wenn solch ein Hund auf euch zugestürmt kommt, mordswütend wirkt, die Zähne bleckt, dann dürft ihr vor allem eins nicht: Ihr dürft keine Angst zeigen und weglaufen. Auch dann nicht, wenn ihr in Wirklichkeit Angst habt. Ein Mensch, der einem Tier gegenüber Angst zeigt, ermutigt es noch mehr zum Angriff. Denn mit der Angst zeigt man dem Tier, dass man sich selbst für schwach hält.

Dazu müsst ihr wissen, dass auch jedes Tier grundsätzlich Angst hat. Sogar der Wolf, der Tiger oder der Hai. Sie alle erinnern sich, dass sie in ihrer Jugend von größeren Tieren gebissen wurden und manches Geschwisterchen vielleicht sogar gefressen wurde. Der kleine Wolf vom Bären, der kleine Tiger von der Giftschlange und der Baby-Hai von anderen Fischen.

Jetzt müsst ihr ihnen zeigen, dass auch ihr zu denen gehört, die ihnen gefährlich werden können.

Bückt euch blitzschnell, hebt einen Stein auf und werft nach dem Hund. Mit voller Wucht. Oder tut so, als ob ihr werfen wollt. Viele Hunde haben Angst vor Steinwürfen. Ihr werdet sehen, dass der Hund ein paar Meter zurückspringt oder gar die Flucht ergreift. Ein solcher Erfolg wird eure Angst sofort verschwinden lassen.

Besser noch ist es, einen dicken Knüppel zu haben. Ihr bleibt dann einfach still stehen. Etwas breitbeinig, damit der Hund euch beim Anspringen nicht umwerfen kann. Und dann müsst ihr schnell sein. Ihr müsst genau den richtigen Moment abpassen, wo er nah genug ist, um ihm mit voller Wucht einen auf den Kopf zu schlagen. Am wirksamsten ist es, wenn man die Nase trifft. Die Nase ist für den Hund etwas ganz Wichtiges und Schmerzempfindliches. Ein Treffer, und der Hund läuft davon. Laut jaulend und mit eingekniffenem Schwanz.

Wenn ihr danebengeschlagen habt, weil der Hund dem Schlag ausgewichen ist, müsst ihr sehr schnell erneut schlagbereit sein. Denn ebenso blitzschnell greift er euch wieder an.

Wenn ihr die Signalpfeife griffbereit habt, könnte manchmal auch das Pfeifen helfen. Das sind Töne, die Hunde nicht mögen, die sie erschrecken.

Erwachsene können noch etwas anderes tun. Wenn die Zeit bis zum Angriff es zulässt und sie ein Messer haben, könnten sie sich den linken Arm dick umwickeln. Zum Beispiel mit der Jacke. Da lassen sie den Hund reinbeißen. Wenn der Hund hineingebissen hat, hält er meist lange fest. Und diesen Moment muss man ausnutzen und den Hund mit dem Messer töten.

Auf keinen Fall darf man stürzen! Dann kann es schnell passieren, dass der Hund siegt.

Tollwut

Und noch eine Gefahr gibt es. Vor allem in der Natur. Das sind Tiere, die die Tollwut haben. Wenn es ihnen gelingt, euch zu beißen, überträgt sich die Krankheit auf euch. Dann müsst ihr sehr schnell zu einem Arzt. Er wird euch gegen die Krankheit behandeln.

Ein tollwütiges Tier erkennt man daran, dass es jede normale Vorsicht außer Acht lässt und blindlings angreift. Oft sind es Füchse. Aber es kann auch jedes andere Tier sein. Nämlich alle solche Tiere, die von einem bereits tollwütigen Tier gebissen worden sind.

Normalerweise würde jeder Fuchs und jedes andere solcher Tiere vor euch fliehen. Wenn es das nicht tut, ist es krank. Dann seid höllisch vorsichtig und beherzigt die Tipps, die ihr eben für die Abwehr von Hunden gelernt habt.

Schlangen

Als anderes gefährliches Tier kommt die **Kreuzotter** (und im Schwarzwald und den Alpen die sehr ähnliche **Aspisviper**) infrage. Sie ist eine Schlange, die nur bis zu 60 Zentimeter groß wird. Sie sieht wunderschön aus. Es gibt sie in braun, silbern, rötlich, grau und schwarz. Aber alle haben eins gemeinsam: auf dem Rücken ein schwarzes Zickzackband (Abb. 71).

Sie lebt an Waldesrändern in der Umgebung von Birken, Tannen, Heide. Sie liebt es, in der morgendlichen und spätnachmittäglichen Sonne zu liegen und sich zu wärmen. Sie isst Mäuse und Eidechsen. Aber sie isst keine Menschen. Doch wenn sie sich bedroht fühlt, beißt sie. Das geht schneller als ein Faustschlag und es schmerzt. **Aber es tötet nicht!** Das zu wissen ist wichtig. Sonst dreht der Gebissene durch. Selbst bei hochgiftigen Schlangen in fernen Ländern sterben die meisten Menschen nicht am Gift, sondern an Angst, an Herzversagen. Und diese Angst kann man reduzieren, wenn man Schlangen etwas näher kennt.

Das Gift der Kreuzotter wirkt, indem die gebissene Stelle anschwillt und schmerzt. Aber weil das Gift für Mäuse bestimmt ist und nicht für Menschen, verkraftet der Körper den Biss. Er bildet ohne menschliches Dazutun sogar ein Gegengift, welches das Schlangengift zu neutralisieren versucht.

Schlangenbiss vermeidet man auf zweierlei Weise. Dort, wo die Tiere leben könnten, tritt man laut und deutlich mit den Schuhen auf. Schlangen hören zwar nicht, aber sie spüren die Vibrationen auf viele Meter und wissen, dass da jemand kommt. Dann wissen sie auch, dass das keine Maus ist, sondern eher der Typ »Elefant«, und sie verkriechen sich.

Und wenn ihr dennoch eine zu sehen bekommt, lasst sie zufrieden und beobachtet dieses Wunderwerk der Natur. Stellt euch vor, *ihr* müsstet ein Leben fristen ohne Beine und ohne Arme! Sie schafft es. Ihr nicht.

Keine Kreuzotter wird euch verfolgen. Dafür sind sie viel zu langsam. Nur im Zubeißen sind sie blitzschnell. Schaut sie euch aus zwei Meter Entfernung an und genießt den seltenen Anblick. Die meisten Bisse geschehen, wenn man sie fangen will. Dann wehrt sie sich. Also lasst sie zufrieden.

Wenn es doch einmal zu einem Biss gekommen ist, verhaltet euch ruhig. Das Gift, das ins Blut gelangt ist, breitet sich mit dem Blut im Körper aus. Das müsst ihr vermeiden. Bindet den Arm oder das Bein fünf Zentimeter über der Bissstelle in Richtung Herz ab. Dazu nehmt ihr ein zusammengedrehtes Taschentuch, einen Hemdsärmel, den ihr vom Hemd abgerissen habt, einen Gürtel. Bindet das Körperteil nur so stramm ab, dass immer noch Blut hindurchfließen kann. Der Pulsschlag muss fühlbar bleiben. Und alle Viertelstunde lockert ihr den Verband für zwei Minuten. Dieser Stau verlangsamt die Ausbreitung im ganzen Körper.

Die Bissstelle soll mit reichlich Desinfektionsmittel aus dem Erste-Hilfe-Täschchen betropft werden. Es hilft, Giftreste auf der Haut und Schmutz, der sich an den Zähnen der Schlange befand, unschädlich zu machen. Zuletzt stellt ihr das gebissene Glied (Arm, Bein) ruhig. Wie man das macht, übt gemeinsam am Teddy.

Dann muss der Verletzte ins Krankenhaus gebracht werden. Er soll möglichst nicht laufen, sondern getragen oder gefahren werden, damit der Kreislauf ruhig bleibt.

Im Krankenhaus wird man ihm eine Spritze mit Gegengift geben.

Wie weiß man denn, ob man von einer Kreuzotter oder einer harmlosen Schlange gebissen wurde? Vielleicht war es dunkel, als ihr gebissen wurdet, und ihr konntet nichts sehen. Vielleicht hat sie euch aus einem Versteck heraus gebissen.

Dazu müsst ihr wissen, dass Ringelnattern Menschen gar nicht beißen. Ich habe es jedenfalls noch nicht erlebt. Ringelnattern haben eine andere Art, sich gegen das Fangen zu wehren. Sie bespritzen euch mit einer unglaublich stinkenden Flüssigkeit. Wenn man diesen Trick der Schlange nicht kennt, lässt man sie vor lauter Ekel sofort los. Aber das wird euch nie passieren, solange ihr das Tier *nicht* fangt. Dann wird es immer die Flucht vorziehen.

Wenn euch also in Deutschland, der Schweiz und Österreich eine Schlange beißt, ist es eine Kreuzotter oder eine der anderen sehr ähnlichen kleinen giftigen Vipern. In solchem Falle seht ihr an der Bissstelle zwei winzige Einstiche. Dann war es auf jeden Fall eine Giftschlange.

Das zu wissen ist vor allem dann wichtig, wenn ihr in fremde warme Länder fahrt. Dort gibt es viele Arten von Schlangen. Vor allem tödlich giftige. Und dort gibt es dann auch ungiftige Schlangen, die ebenfalls beißen. Deren Bisszeichen sehen jedoch ganz anders aus. Ihr seht nicht *zwei* Einstiche, sondern einen Halbkreis mit vielen Einstichen. Dann also ganz cool bleiben. Gepunktete Halbkreise sind immer das Zeichen einer harmlosen Schlange. Da genügt es, etwas Desinfektion draufzutropfen.

War es eine Giftschlange, die gebissen hat, dann ist es (in diesen fernen warmen Ländern) wichtig, sich das Aussehen der Schlange gut zu merken, damit man sie dem Arzt genau beschreiben kann. Noch besser ist es, die Giftschlange zu töten und ins Krankenhaus mitzunehmen. Dann weiß der Arzt ganz sicher, um welche Schlange es sich handelt, und dann weiß er auch genau, welches Gegengift er spritzen muss. Merkt euch auch den Unglücksort und den Zeitpunkt des Bisses.

Und Vorsicht! Selbst nach dem Tod kann ein Schlange noch beißen! Ihre Reflexe funktionieren einige Minuten über den Tod hinaus.

Im deutschsprachigen Raum gibt es noch eine andere Schlange. Es ist die elegante und absolut *ungefährliche* **Ringelnatter** (Abb. 72). Sie kann 90 Zentimeter lang werden und lebt in feuchten Gebieten. Also an Flüssen, Seen und in Sümpfen. Sie ernährt sich von Fischen und Fröschen, die sie lebend runterschlingt.

Meist ist sie einfarbig schwarz oder grau oder oliv. Ihr wichtigstes Erkennungszeichen sind zwei gelbe Flecken seitlich hinter dem Kopf, dort, wo wir die Ohren hätten.

Schließlich sei hier noch die **Blindschleiche** (Abb. 73) erwähnt. Sie sieht aus wie eine Schlange, ist aber eine fußlose Eidechse. Wie bei den Kreuzottern gibt es sie in

72

verschiedenen Farben: braun, kupferrot, bronzefarben, grau oder schwärzlich. Blindschleichen fühlen sich trocken und muskulös an. Ihre Augen sind klein, aber sie sind nicht »blind«, wie der Name sagt. Auf jeden Fall sind sie für den Menschen völlig harmlos. Sie leben auf Lichtungen in unterholzreichen Wäldern und auf halbschattigen Wiesen. Sie essen Würmer und Schnecken.

Das Besondere an den Blindschleichen ist, dass sie ihren Schwanz abwerfen können, wenn man sie festhält. Genau wie Eidechsen. Der Schwanz kringelt sich wie wild, während die Blindschleiche versucht zu entkommen.

Übrigens wächst der Schwanz wieder nach, ohne dem Tier zu schaden.

Damit ihr diese drei erwähnten Tiere schon einmal gesehen habt, schaut die Bilder gut an.

> **Tipp:** Wenn ihr Schlangen nicht kennt, betrachtet jede Schlange als giftig! Geht ihr aus dem Weg, bleibt auf Distanz und respektiert sie.

Meist jedoch werdet ihr gar keine Schlange zu sehen bekommen. Wenn sie euch dennoch interessieren, geht in einen Schlangenzoo. Vielleicht steht einer in eurem Branchenbuch unter »Zoo«, »Schlangenzoo«, »Schlangenfarm«. Wenn nicht, erkundigt euch in einem »normalen« Zoo.

Wieder daheim

Irgendwann ist jeder Ausflug einmal zu Ende. Wenn ihr dann sagt, »Gott sei Dank – endlich wieder zu Hause!«, hat mein Buch seinen Zweck verfehlt. Oder irgendetwas ist schiefgelaufen.

Aber ob gut oder schlecht: Zunächst werdet ihr euch in eurem Bett ausstrecken und mal wieder richtig ausschlafen wollen. Macht das, denn Schlaf ist gesund.

Dann solltet ihr die gesamte Ausrüstung säubern und ordentlich weglegen. Packt alles so, dass es beim nächsten Mal sofort mitzunehmen ist. Flickt das, was kaputtgegangen ist. Lasst euch von den Eltern zeigen, wie man etwas stopft, wie man aufgeplatzte Nähte repariert.

Ergänzt den Überlebensgürtel. Bestimmt ist euch unterwegs manches eingefallen, das man ändern, das man verbessern möchte.

Vielleicht habt ihr unterwegs Tagebuch geführt und möchtet es nun auswerten. Vielleicht möchtet ihr ein erstes Buch schreiben! Dann fangt gleich an. Daheim in eurem

Zimmer werdet ihr manches anders schreiben wollen als unterwegs. Schreibt nicht alles so schön der Reihe nach, sondern richtig spannend wie einen Krimi, in dem der Knüller erst ganz zum Schluss verraten wird.

Wenn ihr euren Freunden von der Reise erzählt habt, werdet ihr schnell bemerken, was sie besonders interessiert und was gar nicht. Das kann man beim Buchschreiben gleich berücksichtigen.

Und ganz nebenbei werdet ihr bereits neue Pläne schmieden. Für das nächste Abenteuer.

Dazu wünschen wir euch allen viel Spaß.

Anhang

1								
2								
3								
4								
5								
6								
7								
8								
9								
10								
11								

1 WILDSCHWEIN
2 REH
3 HIRSCH
4 EICHHÖRNCHEN
5 DACHS
6 ENTE
7 KATZE
8 FUCHS
9 KANINCHEN
10 HASE
11 MARDER

Illustration: ÖZI – www.oezicomix.com

Lösung zu Denkaufgabe auf Seite 19:
Feuerzeug, Pflaster, Papiergeld, Handy

Andere Publikationen von Rüdiger Nehberg zum Thema Überleben:

1. Survival-Abenteuer vor deiner Haustür
Genau das richtige Fortsetzungsbuch für Jugendliche, die das »Survival-Handbuch für die ganze Familie« gelesen haben

2. Überleben ums Verrecken
Meine internationalen Überlebenstricks (Survival)

3. Medizin Survival
Überleben ohne Arzt. Nicht *nur* Erste Hilfe, sondern Erste bis Letzte Hilfe

4. Survival-Lexikon
Mein gesamtes Survival-Wissen als Lexikon

5. DVD Abenteuer vor der Haustür (ZDF)
20 Folgen à vier Minuten. Survival-Übungen mit Teenagern (komplett media verlag; edgar.foertsch@komplett-media.de)

6. Die Autobiographie
Rüdiger Nehbergs pralles Leben

Weitere Bücher unter www.nehberg.de

Andere Publikationen von
Rüdiger Nehberg zum Thema Überleben:

1. Survival-Abenteuer vor deiner Haustür
Genau das richtige Fortsetzungsbuch für Jugendliche,
die das »Survival-Handbuch für die ganze Familie«
gelesen haben

2. Überleben ums Verrecken
Meine internationalen Überlebenstricks (Survival)

3. Medizin Survival
Überleben ohne Arzt. Nicht *nur* Erste Hilfe,
sondern Erste bis Letzte Hilfe

4. Survival-Lexikon
Mein gesamtes Survival-Wissen als Lexikon

5. DVD Abenteuer vor der Haustür (ZDF)
20 Folgen à vier Minuten. Survival-Übungen mit
Teenagern (komplett media verlag;
edgar.foertsch@komplett-media.de)

6. Die Autobiographie
Rüdiger Nehbergs pralles Leben

Weitere Bücher unter www.nehberg.de

Besondere Kindersachbücher bei arsEdition!

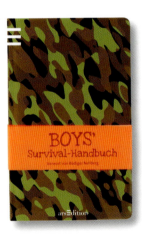

Boy's Survival-Handbuch
978-3-7607-6976-9

Girl's Survival-Handbuch
978-3-7607-6977-6

Ab 9 Jahren / 96 S. / 11,8 x 18,7 cm
€ 9,95 (D)